거북이는 느려도 행복하다

거북이는 느려도 행복하다

지은이 | 류인현
초판 발행 | 2014. 6. 9
6쇄 | 2023. 8. 1
등록번호 | 제1988-000080호
등록된 곳 | 서울특별시 용산구 서빙고로65길 38 두란노빌딩
발행처 | 사단법인 두란노서원
영업부 | 2078-3352 FAX | 080-749-3705
출판부 | 2078-3331

책값은 뒤표지에 있습니다.
ISBN 978-89-531-2051-8 03230

독자의 의견을 기다립니다.
tpress@duranno.com   http://www.duranno.com

두란노서원은 바울 사도가 3차 전도 여행 때 에베소에서 성령 받은 제자들을 따로 세워 하나님의 말씀으로 양육
하던 장소입니다. 사도행전 19장 8-20절의 정신에 따라 첫째 목회자를 돕는 사역과 평신도를 훈련시키는 사역,
둘째 세계선교(TIM)와 문서선교(단행본·잡지) 사역, 셋째 예수문화 및 경배와 찬양 사역, 그리고 가정·상담 사역 등을
감당하고 있습니다. 1980년 12월 22일에 창립된 두란노서원은 주님 오실 때까지 이 사역들을 계속할 것입니다.

인생의 초반전을 달리고 있는 그대에게

거북이는 느려도 행복하다

류인현 지음

두란노

《거북이는 느려도 행복하다》는 보석 같은 지혜로 가득한 책이다. 이 책
은 인생의 초반전을 달리고 있는 청년들에게 속도보다 방향의 중요성
을 가르쳐 준다. 비교하고 경쟁하기보다 참된 자아 인식을 통해 하나님
이 허락하신 자신만의 길을 걸어가도록 돕는다. 성공보다는 성실이 중
요하며, 성취보다는 거룩한 성품이 더욱 중요함을 가르쳐 준다. 저자는
가난한 목회자의 자녀로 성장하는 중에 경험한 인생의 진리를 주옥같
은 언어 속에 담았다. 쉽지만 깊고, 담백하지만 충만한 저자의 글은 머
리를 움직이기보다 가슴을 움직이며, 우리 영혼의 깊은 곳을 어루만진
다. 오랜 세월의 독서, 드러내지 않은 애절한 고통, 깊은 묵상, 탁월한
예술성, 그리고 한 영혼을 사랑하는 애정이 문장마다 스며들어 있다.
그래서 읽는 이의 눈시울을 뜨겁게 한다. 이 소중한 책을 인생의 초반
전을 달리고 있는 분들과 인생의 후반전을 맞이한 분들에게 추천하고
싶다. 마음을 열고 천천히 읽도록 하라. 당신의 인생을 바꿔 놓을 소중
한 책이다.

강준민 _LA 새생명교회 담임목사

현대를 무한 경쟁의 시대라고 한다. 현대의 젊은이들에게 천천히 가자
고 말하는 것 자체가 미련한 일일지 모른다. 이런 면에서 ≪거북이는 느
려도 행복하다≫는 현대의 젊은이들에게 맞지 않는 책 같다. 이 책을 추
천하는 가장 큰 이유가 바로 여기에 있다. 1등만 알아주는 시대에서 "느

려도 행복할 수 있다"는 바보 같은 말 속에 진리가 있기 때문이다. 인생은 마라톤이다. 긴 인생 속에 하나님이 하시는 일을 보려면 '느림의 미학'을 배워야 한다. 류인현 목사님의《거북이는 느려도 행복하다》는 이 시대의 청년들에게 단순한 위로를 넘어 삶에 진정한 도움을 주리라고 확신한다.

김남국 _주내힘교회 담임목사

이 책은 치열한 생존 법칙이 판치는 맨해튼 한복판에서 복음의 능력을 체험하고 있는 저자의 살아 있는 이야기다. 무한 경쟁의 쳇바퀴에 빠져 있는 젊은이들에게 성공이 해답이 될 수 없으며, 섬김 자체가 해답이라는 것을 전하려는 저자의 안타까움이 페이지마다 묻어난다. 번영의 복음을 거부하고 하나님의 진정한 샬롬을 꿈꾸는 류인현 목사님의 절절한 이야기는, 너무나 많은 질문 속에서 방황하는 젊은이들에게 도전을 준다. 눈을 들어 정의가 강물같이 흐르는 것을 보기 원하시는 하나님의 마음을 보게 해준다. 절망으로 가득 찬 이 시대에 진정한 행복이 무엇인지를 찾기 원하는 청년들에게 꼭 읽어 보기를 강하게 추천한다.

김도현 _콜로라도 크리스천대학교 신약학 교수

류인현 목사님은 젊은이의 패기와 영적 통찰력이라는 두 마리의 토끼를 동시에 붙잡은, 보기 드문 목회자다. 사도 바울이 디모데에게 "누구든지 네 연소함을 업신여기지 못하게 하고 오직 말과 행실과 사랑과 믿음과 정절에 있어서 믿는 자에게 본이 되라"(딤전 4:12)고 부탁했던 것이 구체적으로 어떤 모습이었을지, 류 목사님을 통해 보이는 듯하다. 그래서 그를 만날수록, 얘기를 나눠 볼수록 마음이 흐뭇하다. 그가 이 시대의 가치관을 뒤집고 복음적 가치관, 십자가의 도를 평이한 언어로 풀어낸, 젊은이들을 향한 에세이집을 펴낸 것은 참 감사한 일이다. 특히 뉴욕 맨해튼이라는, 오늘날의 '큰 성 바벨론'에서 글로벌 기업의 종이 되고, 무한 경쟁과 시장 경제의 수레바퀴 아래서 고민하는 이 시대의 '성공한 젊은이들'이 이 책을 통해 어떤 고민에 빠지게 될지 무척 궁금하다. 프랜시스 쉐퍼가 관찰했던 것처럼 인간을 전적으로 본능에 따라 움직이는 짐승으로, 또는 지배층의 프로그램에 복종하는 기계 정도로 여기고, 그렇게 만들어 가는 것이 이 시대가 품은 사회적 죄악이라면, 인간의 인간다움을 회복시키는 것은 여전히 복음의 몫이다. 복음의 절대적 가치를 드러내는 데 류인현 목사님의 글이 선하게 사용되기를 바라는 마음이다.

박성일 _웨스트민스터 신학교 변증학 교수, 기쁨의교회 담임목사

이 책은 지금 한국 교회와 기독 청년들에게 가장 시기적절하게 읽힐 책이라고 추천한다. 방향 없이 분주하고, 이유 없이 불안한 이 시대의 조급함을 다른 관점에서 다시 생각해 보라는 날카로운 가르침을 부드러운 문체로 담았다. 코스타 캠프 현장에서 보여 주시는 류인현 목사님의 영성의 모습도 이 책의 분위기와 아주 비슷하다. 여유 있고 미소 띤 얼굴로 청년들을 바라보시는 눈길을 보면 "거북이는 느려도 행복하단다. 얘들아! 하나님을 신뢰하고 한 걸음, 한 걸음 잘 내딛어라!"고 말하고 있는 듯하다. 이 책을 손에 들고 읽으면서 청년들의 마음과 삶의 자세에서 많은 치유가 일어나고, 그들이 거룩과 신뢰로 다시 무장하리라고 믿는다.

유임근 _코스타 국제 총무

젊은 날의 고생은 약이 된다지만 쓸데없는 고생은 독이 되기도 한다. 가장 필요 없는 고생은 조급한 마음에서 생겨나는 시행착오다. 조급함은 분주함을 낳고, 분주함은 인생의 방황을 낳는다. 뉴프론티어교회의 류인현 목사가 젊은이들의 이러한 고질적인 영적 방황을 해결하기 위한 약초를 처방하였다. 학문적인 깊이가 있으면서도 간결하고 시적인 언어로 하나님의 진리를 증거하는 류인현 목사를 통해 많은 젊은이들이 하나님의 살아계심을 체험하며 성장하고 있다. 이 책은 기성세대에 대한 맹목적인 반항 아니면 세속적인 욕망에 침묵하는 순응으로 양극화된 이 시대의 젊은이들에게 영적 분별력을 제공해 주고, 하나님의 사람으로 세우기에 충분한 영적 자양분을 제공하고 있다. 이 시대를 살아가는

젊은 그리스도인들에게 필독을 권한다. 젊은이뿐 아니라 모든 성도들도 풍성한 영적 진리를 얻으리라 확신하기에 일독을 권한다.

이재훈 _온누리교회 담임목사

류인현 목사의《거북이는 느려도 행복하다》는 청년들에게 꼭 일독을 권하고 싶은 책이다. 무엇보다 류인현 목사의 언어가 살아 있다. 살아 있는 언어는 살아 있는 영혼에서 나온다. 척박한 이민 목회의 현장에서도 언어가 살아 있는 것은 그의 영혼이 하나님과 내밀하게 소통하고 있기 때문이다. 한 장 한 장 청년들을 향한 애정과 인생에 대한 지혜로운 통찰이 빛나는 책이다. 청년의 때는 과거는 해석불능이고, 미래는 예견불능인 시절이다. 그러나 이 책처럼 훌륭한 인생 지도 한 장 들고 있으면, 가벼운 발걸음으로 길을 떠날 수 있을 것이다.

이상준_양재 온누리교회 담당목사

류인현 목사님은 말과 삶에서 똑같이 설득력이 있다. 목사님이 가진 설득의 힘은 세상의 경험에서 온 것이 아니라 영적인 사색에서 온 것이다. 목사님의 영성은 아마도 부모님에게서 물려받은 유산일 것이라고 생각한다. 목사님과 5년여를 교제하면서 그에게서 하나님을 헌신적으로 섬기셨던 부모님의 가르침과 영향력이 묻어남을 느끼곤 한다. 나는 기대감으로 목사님의 글을 대하려고 한다. 어떤 독자든지 기대감으로 글을 읽어 가는 분들은 특별한 깨달음과 인도하심을 받게 될 것이다.

한규삼 _뉴저지초대교회 담임목사

세계에서 가장 바쁘게 움직이는 맨해튼에서 한국과 세계를 이끌어 갈 차세대 영적 지도자들인 청년들에게 열정적으로 전해지는, 영감이 넘치는 메시지를 드디어 우리도 책을 통해 들을 수 있게 되었다. 탁월한 설교자요, 목회자인 류인현 목사는 이 책에서 인생이라는 마라톤에 나선 청년들을 마음으로부터 응원하고 있다. 이 책은 우리의 분명한 정체성을 정립해 주며, 인생길의 매뉴얼을 제공한다. 인생은 자신과의 싸움이며, 속도보다는 방향이며, 결과보다는 과정임을 일깨운다. 그리고 자신만의 색과 향기에 맞는 아름다운 꽃을 피우라고 조언한다. 잠시 멈춰 서서 어디로 가고 있으며, 왜 가는지를 자문하게 만드는 책이다. 뉴프론티어로 담대하게 나서는 청춘들에게 류인현 목사를 멘토로 강력하게 추천한다.

한기채 _중앙성결교회 담임목사

세계의 중심이라 불리는 뉴욕은 화려한 외관과는 달리 극심한 빈부 차이와 물질만능주의가 난무한 곳이다. 이 영적 척박함 속에서 하나님은 지구 반대편의 작은 나라에서 온 소수민족 청년들을 통해 기적을 일으키고 계신다. 날카로운 시대적 안목과 영혼을 향한 뜨거운 사랑을 겸비한 류인현 목사님의 지도하에 뉴프론티어교회는 수많은 문화권의 영혼들에게 생명을 전하고 있다. 또 다양한 분야의 차세대 리더들을 배출하는 영적 훈련소 역할을 감당하고 있다. 이 책은 류 목사님 특유의 탁월한 소통력과 재치, 날카로운 시대적 안목, 그리고 청년 시기에 흔히 겪는 고민들에 대한 깊은 이해의 산물이다. 인생의 목적과 참성공에 대해 알려 주고, 심오한 세상 가운데 진정한 생명을 누릴 수 있는 실질적인 지혜와 비결을 선사할 것이다. 더 나은 세계를 꿈꾸고 영원한 가치의 삶을 추구한다면, 이 책을 절대로 놓치지 마라.

김형태 _변호사, UN 사무국

뉴욕 맨해튼의 중심부에 위치한 뉴프론티어교회를 통해 수많은 청년들이 도전을 받고, 새롭게 거듭나고 있다. 류인현 목사님의 하나님을 향한 순수하고 겸손한 열정이 뉴욕에서 일하고 공부하는 청년들에게 선한 영향력을 주고 있다. 특별히 이 책은 그 열정의 한 부분으로서 청년들에게 행복에 대한 진정한 깨달음을 주고, 목표를 향해 당당히 달려가도록 이끌어 주는 훌륭한 인생지침서다.

문동환 _건축가, 하버드대학교 석사

맨해튼의 생동하는 젊은이들이 가득한 뉴프론티어교회에는 그 젊은이들보다 더 열정 있는 류인현 목사님이 있다. 기도할 때마다 자주 코가 빨개지시는 류 목사님은 이 시대의 젊은 영혼들을 향한 뜨거운 가슴으로 이 책을 쓰셨다. 이 책의 일러스트를 그리는 동안 한 페이지, 한 페이지를 되뇌었다. 나 자신에게 잘못된 자를 들이댔던 과오를 떨어내고, 속도나 겉보기가 아닌 본질로 돌아가 다시금 하나님 앞에서 일어설 수 있었다. 이 책은 우리가 어디에 서 있어야 한다는 좌표를 설정해 주기보다는 좌표를 스스로 설정할 수 있도록 우리를 따뜻하게 안내한다. 나는 이 책이 청년은 물론 하나님 안에 살고 있는 모든 인생들에 좋은 지침서가 될 것을 확신한다. 요즘같이 빠른 세상에서 바른 일상을 살고 싶은 이들에게 이 책을 강력하게 추천한다.

정재경_ 나눔 손글씨체 개발자, 일러스트레이터

contents

ı

고민이 없다면 그는 이미 청춘이 아니다. 고민은 청춘의 특권이자 의무다. 오늘날의 청춘들은 여느 시대 청춘들과 다름없이 인생에 있어서 가장 중요한 결정에 대한 고민들로 점철된 삶을 살아가고 있다. 하지만 예전에 비해 취업, 비전, 결혼, 이 세 가지 중에 그 어느 것 하나 쉽지 않은 세상을 살아가고 있다. 그래서 우리나라는 여전히 힐링 코드가 대세인 것 같다. 나는 힐링 코드가 이제 행복 코드로 바뀌어야 한다고 생각한다. 행복은 마음의 저수지로부터 세상 밖으로 흘러나가는 물과도 같은 것이다.

누가 뭐래도 청년들은 미래의 희망이기 때문에 청년들이 불행한 나라는 사실상 희망이 없는 셈이다. 이 시대의 아픔과 고통을 안고 살아가는 청춘들이 기성 세대들의 한계와 잘못을 뛰어 넘는 진취적인 기상과 비전으로 강하게 일어서야 한다. 아프니까 청춘이기도 하지만, 이젠 "강하니까 청춘이다"라는 외침의 소리를 듣고 싶다.

내가 목회하고 있는 뉴욕의 한국 청년들의 삶도 서울의 청년들의 삶과 비슷한 면이 많다. 어떻게 보면 경쟁이라는 측면에서는 뉴욕이 더 심할지도 모른다. 뉴욕은 전 세계의 인재들이 더 큰 성공을 위해 찾아와서 무한 경쟁을 펼치는 도심의 정글이다. 특히 한국 청년들은 소수 인종이라는 핸디캡을 안고서 생존시장에서 살아남아야 한다는 압박이 심하다. 미국의 경기 침체와 맞물려 취업은 더욱 힘들어졌고, 레이오프(lay-off: 일시적인 해고)도 빈번하다. 뉴욕에는 청년들에게 소소한 행복을 주는 요소도 많지만(맛집은 정말 많다!), 반대로 그들의 행복을 가로막는 장애물도 만만치 않다. 몇 년 전 맨해튼 다운타운에서 벌어진 시위(Occupy the Wall Street)가 말해 주듯이, 자본주의 사회의 빈익빈 부익부의 양극화가 빚어내는 구조적 차별의 문제와 한계가 어쩌면 가장 큰 장애물이 아닌가 싶다.

나는 이렇게 복잡하고 힘든 21세기를 살아가고 있는 청춘들이 다시 웃을 수 있는 행복한 세상을 꿈꾸고 기대한다. 행복은, 하나님이 당신의 사랑하는 자녀들에게 주시는 최고의 선물이다. 선물의 가치는 선물 그 자체가 아니라 선물을 주는 사람에게 달려 있듯이, 우리에게 주어지는 행복이라는 선물은 하나님의 가치를 떠올리게 한다. 그런데 이 시대는 선물만 받으려 하고 그 선물을 주는 이의 마음을 헤아리지 않는 우를 범하고 말았다. 이것이야말로 불행의 근본적인 원인이다. 이 시대가 불행해진 이유는 행복을 잃어버려서가 아니라 진리를 잃어버려서다. 왜냐하면 행복은 목적(goal)이 아니라 결말(end)이기 때문이다. 그대가 추구해야 할 인생 최고의 목표는 행복이 아니라 진리인 것이다. 진리는 인간에게 참자유와 행복을 선물로 가져다준다. 그래서 예수님은 우리에게 이렇게 말씀하셨다.

진리를 알지니 진리가 너희를 자유롭게 하리라(요 8:32).

이 진리는 예수 그리스도 자신이다. 예수님 안에 참자유와 행복이 있다는 말씀이다.

나는 어릴 적부터 부모님을 통해 진리이신 예수님만을 붙들고 살아가는 사람의 진정한 행복을 체험하게 되었다. 나는 가난한 목회자 가정에서 자랐다. 아버지는 늦게 예수님을 영접하시고 늦은 나이에 목회자가 되셨다. 나는 아버지의 목회 임지를 따라 경주와 거제도를 거쳐 창원에서 중고등학교를 나왔다. 아버지는 내가 중학교 2학년 때인 1987년에, 창원에서 교회를 개척하셨다. 15평짜리 상가 지하에서 시작된 교회에는 부모님과 나, 이렇게 세 명이 성도의 전부였다.

당시 나는 사춘기 시절이었지만 이것이 불행한 삶이라고 여기지 않았다. 오히려 매일 아침에 가정 예배를 드릴 때마다 눈물로 기도하시던 아버지와 어머니의 모습 속에서 두 분은 아무도 모르는 행복의 비밀을 간직하고 계신 분들이라는 것을 느낄 수 있었다. 부모님은 예수님 한 분으로도 충분히 행복할 수 있다는 것을 내게 삶으로 보여 주셨다. 그 시절에 나도 커서 아버지처럼 목사가 되면 참 행복하겠구나 싶은 생각이 들었고, 하나님의 부르심에 응답하여 목사가 되기로 헌신하게 되었다.

나는 참 행복하다. 주님 때문에 행복하고, 목회자로서의 부르심에 응답하여 그 소명의 삶을 선택하며 살고 있기 때문에 행복하다. 내가 섬기고 있는 뉴프론티어교회는 뉴욕에 유학 왔다가 정착한 청년들과 유학생들이 주축이 된 젊은이들의 교회다. 나는 지금까지 약 7년간 청년 목회를 하면서 2,000명이 넘는 2030세대를 직접 만나 이런저런 이야기들을 나누면서 그들과 함께 웃고 함께 울었다. 순수한 그들이 오히려 나를 목사로서 성장할 수 있도록 도와주었다. 그리고 무엇보다 지금도 나를 "몽싸니~임"하고 콧소리를 내며 친근하게 불러 주는, 너무나 사랑스러운 그들이 참 좋다.

이 작은 책을 통해 청춘들의 심장이 다시 고동치게 되길 소망한다. 청춘의 입에서 다시 노래가 흘러나오길, 청춘의 손에서 깃발이 힘차게 나부끼게 되길 소망한다. 다시 힘차게 일어나 목숨을 다해 우리를 사랑하시는 주님이 주실 행복이라는 선물을 기대하며 함께 달려 보자. 그대의 새로운 시작에 건투를 빈다.

God Bless You!
With His Love,
뉴욕 맨해튼에서 류인현 목사 드림

part one

청춘,
인생 달리기의
초반전이다

거북이는 느려도 행복하다

바로 그게 연금술의 존재 이유야.
우리 모두 자신의 보물을 찾아 전보다 더 나은 삶을 살아가는 것,
그게 연금술인 거지.
파울로 코엘료, 《연금술사》 중에서

나에게는 하나님이 주신 보물인 사랑하는 아내와 세 딸이 있다. 우리 다섯은 서로가 닮은 구석이 많고, 또 조금씩 다른 것들도 참 많다. 아내는 느린 편이고 나는 빠른 편이다. 첫째는 엄마를 닮아 느린 편이고, 둘째는 나를 닮아 빠른 편이다. 그리고 막내는 느렸다가 빨랐다가 한다. 느림의 반대는 이처럼 빠름이다. 그러면 부지런함의 반대는 무엇인가? 아마 게으름이라고 생각할 것이다. 그런데 잠언에서 솔로몬은 부지런함의 또 다른 반대말을

보여 준다. 바로 조급함이다.

> 부지런한 자의 경영은 풍부함에 이를 것이나 조급한 자는 궁핍
> 함에 이를 따름이니라(잠 21:5).

부지런한 자와 조급한 자의 대표 민족을 꼽으라고 한다면, 독
일과 한국을 꼽을 수 있을 것이다. 철학자 하이데거는 독일의 민
족성이 농부의 소박함과 근면성과 군인의 규율적인 기질의 복합
이라고 말했다. 독일인의 근면성은 세계적으로 유명하다. 그들은
소처럼 꾸준히 일한다. 모든 일에 있어서 독일인의 정신을 표현
하는 단어는 'Grundlichkeit'(thoroughness: 철저함)이다. 어떤 것이든
그때그때 겉치레로 하지 않고, 기초부터 근원적으로 철저히 하는
것을 의미한다. 독일인들은 시간관념이나 능률을 계산에 넣지 않
는 듯이 기초 작업에 많은 시간과 힘을 기울인다.

한국도 한국전쟁 이후에 폐허가 된 땅에서 한강변의 기적을 이
뤄 낸 근면성으로 손꼽히는 민족이라는 점에서 독일과 닮았다.
그런데 한국인은 독일인과 다른 점이 있다. 바로 한국인은 조급
하다는 점이다. 한국 문화의 특징 중 하나가 '빨리빨리' 문화다.
한국의 직장인들이 스트레스를 많이 받는 것도 바로 이 문화 때
문이다. 야근도 잦을 수밖에 없다. 반면 빨리빨리 문화는 한국의
경제를 급성장시켰다. 한국 같은 고속 성장의 예는 세계 역사에
서 찾기가 어렵다.

그것은 교회도 마찬가지다. 한국 교회의 고속 성장은 놀라운 일이다. 그런데 한국인과 한국 교회는 빨리빨리 이루려는 지나친 욕심 때문에 궁핍함에 이르고 말았다. 심령이 궁핍해졌고, 감사가 궁핍해졌고, 사랑이 궁핍해졌고, 기도가 궁핍해졌다.

나는 빨리빨리 문화를 생각할 때면 동화《토끼와 거북이》가 생각난다. 토끼와 거북이가 한 경기에 선수로 출전한다는 발상 자체가 참 재치 있다. 같은 토끼끼리 경주해야 긴장감이 있어서 더 재미있을 것 같고, 아니면 같은 거북이끼리 경주해야 공평해 보일 것 같다. 하지만 상대는 너무나 다른 토끼와 거북이다. 애초에 서로 게임 상대가 되지 않는 시시한 게임이다. 그런데 독자들은 결국 마지막에 드러나는 이야기의 반전을 읽게 된다.

나는 어릴 때 이 이야기를 들으면서 그저 토끼는 게으르고 거북이는 부지런하다고만 생각했다. 그런데 나중에 커서 다시 곰곰이 생각해 보니 그게 다가 아닌 것 같았다. 거북이의 승리의 이유인 부지런함이 어디서 온 것인지 생각해 볼 필요가 있다. 여기서 세 가지 이유를 나누고 싶다.

~

정체성: 자기 자신을 절대평가 하라

거북이가 승리한 첫째 이유는 거북이의 정체성이다. 거북이는 자신을 절대평가 했다. 토끼는 거북이를 이기는 재미로 사는 존재였다. 자신의 정체성을 거북이와의 비교를 통해 외부에서 찾으며 살았다. 토끼의 목표는 경쟁에서 이기는 것이었고, 경쟁에서 앞서면 자아도취에 빠져 헛된 승리감에 젖어 살았다. 결국 그것이 그를 패망의 길로 인도해 버리고 말았다. 반대로 부지런한 거북이는 자신의 정체성을 자신의 내면에서 찾았다. 애초에 거북이의 경주의 목표는 토끼를 이기는 것이 아니었다. 거북이의 목표는 경주를 완주하는 것이었다. 거북이는 자신의 느림을 알고 있었고, 자신의 느림을 토끼의 빠름과 비교하며 낙심하거나 좌절하지 않았다. 자신의 경주를 결코 포기하지 않았다.

정호승 시인은 그의 산문집《내 인생에 힘이 되어 준 한마디》(비채, 2006)에서 토끼와 거북이 이야기를 이렇게 서술한다.

"저는 어릴 때 학교에서 토끼와 거북이 이야기를 배웠습니다. 그런데 그때 어린 마음에도 '느린 거북이가 왜 빠른 토끼와 달리기 경주를 하게 되었을까?' 하는 의문이 들었습니다. 토끼가 비교조차 할 수 없을 만큼 빠르다는 것을 거북이도 잘 알고 있었을 텐데 말입니다. 결국 아무리 빠른 토끼라 할지라도 오만하면 거북이에게 진다는 교훈적인 이야기를 하려고 한 것이겠지만, 정작 거북이가 왜 그런 시합에 선뜻 나섰을까 궁금하지 않을 수 없었습니다. 그런데 지금은 그 궁금증이 풀렸습니다. 거북이는 아예 처음부터 토끼를 이길 수 없다는 것을 알고 경기를 시작한 것입니다. 거북이는 토끼를 이기는 데 목표를 둔 것이 아니라, 시간이 오래 걸리더라도 포기하지 않고 정상에 도달하는 것을 목표로 정한 것입니다. 그래서 거북이에게는 토끼가 잠을 자든 안 자든, 애초부터 아무런 문제가 되지 않았던 것입니다."

　그대 자신의 분수와 한계를 아는 것은 참으로 중요하다. 자신의 강점과 약점을 확실히 아는 것이 좋다. 거북이의 강점은 일정한 속도였고 약점은 느린 속도였다. 거북이는 생긴 대로 살았다. 자신이 토끼가 아님을 한탄하거나 토끼가 되려고 하지 않았다. 자기 자신을 있는 그대로 받아들였다. 그러니 누군가와 경쟁할 필요를 느끼지 못한 것이다. 자기 자신으로 사는 법을 배운 것이다. 성경이 말하는 부지런한 자는 누군가와의 경쟁에서 이기는 자를 의미하지 않는다. 부지런한 자는 자신의 능력과 재능의 한계 속에서 최선을 다하는 사람을 의미한다.
　세상은 비교와 경쟁으로 그대의 평생의 삶을 끊임없이 상대화시킬 것이다. 세상은 그대를 사회적인 잣대의 기준과 비교하고 다른 사람들과 비교하면서 상대평가 한다. 그대 고유의 특성마저 빼앗아 가 버린다. "너는 다른 사람에 비해 경쟁력 있게 더 빨리 달려야 한다"는 메시지를 끊임없이 듣고 강요당하는 것이 직장 생활의 현실이다. 이런 세상의 가치 기준에 따라 살다 보면 성경적인 삶과 한참 동떨어져 있는 현실을 발견하곤 한다. 그 괴리 때문에 우리는 때로 우리의 머리를 쥐어뜯곤 한다.

성경은 분명 우리에게 원수도 사랑하라고 말씀하지만 나는 매일 보는 저 원수 같은 상사를 결코 사랑할 수가 없고 아니, 사랑하고 싶지 않기 때문에 또다시 좌절을 경험하곤 한다. 그렇기 때문에 우리는 우리 자신을 예수님과 비교해서는 안 된다. 예수를 닮아 가는 삶과 예수처럼 사는 삶에는 괴리가 있을 수밖에 없다. 우리는 예수 안에서 사는 사람이지 예수 바깥에서 예수를 닮아 가는 사람들이 아니다. 그래서 우리는 날마다 우리 안에 계신 예수님을 바라봐야 하는 것이다. 우리의 의지로 예수님을 닮아 가거나 예수님처럼 살아갈 수 있는 것이 아니기 때문이다.

그대가 사회 속에서 뒤처진 것 같은 좋지 않은 기분이 들 때 그대 자신의 정체성을 냉정하게 바라보되, 우리의 삶을 절대평가 하시는 하나님의 눈으로 자신을 바라볼 수 있기를 바란다. 하나님은 소위 못난 자식도 미워하지 않으신다. 여전히 사랑스러운 눈빛으로 바라보신다. 하나님은 빠른 경주자든 느린 경주자든, 경주하는 기쁨을 누리기를 원하신다.

많은 경우에 하나님이 하시는 일은 느리다. 자연을 보라. 열매는 하루아침에 맺히지 않는다. 씨앗은 금방 나무로 돌변하지 않는다. 사람도 태어나서 하루아침에 서고 걷고 뛰고 어른이 되지 않는다. 인류의 구원의 속도는 어떠한가? 예수님이 이 땅에 오셔서 개인적으로 구원하신 사람은 어찌 보면 그리 많지 않다. 그분은 초능력을 발휘해서 모든 사람들을 한꺼번에 구원하실 수도 있었지만, 전도의 미련함을 택해 천천히 전 인류를 구원하시는 것

거북이는
자신이 토끼가 아님을 한탄하거나
토끼가 되려고 하지 않았다.

을 기뻐하셨다. 하나님은 조급하게 행동하지 않으신다. 하지만 부지런하시다. 분명 졸지도, 주무시지도 않고 쉬지 않고 일하고 계신다. 우리는 하나님의 자녀로서 하나님의 느림의 미학을 배워야 한다. 속도보다 중요한 것은 방향이다.

~

비전: 시선을 결승점에 고정하라

거북이에게는 뚜렷한 비전이 있었다. 비전은 보는 것이고, 보는 방향이다. 거북이의 시선은 결승점에 고정되어 있었다. 토끼가 길옆에서 낮잠 자는 것을 보면서 자신도 쉬어 가고 싶은 충동을 느꼈을 것이다. 하지만 거북이는 한눈팔지 않았다. 남들이 비웃어도 자신만의 길을 아주 천천히 걸어갔다. 120년간 사람들의 온갖 조롱을 받으며 묵묵히 방주만을 짓고 자신의 삶의 목적을 성취하는 데 최선을 다한 노아처럼 말이다. 방주는 급하게 지어지지 않았다. 기초부터 튼튼히 잘 지어졌다. 결국 홍수 가운데서 노아의 방주만이 온 세상에서 부서지지 않은 유일한 배가 되었다.

사람들은 빠른 사람을 칭찬한다. 영리하고 똑똑한 사람을 부러워하며, 화려한 성공의 자리에 빨리 오른 사람에게 스포트라이트를 조명한다. 그리고 부모들은 자녀들에게 너도 커서 저런 사람이 되라고, 최고가 되라고, 일등이 되라고 이야기한다. 아이들은 자신도 모르게 남들과의 경쟁에서 이기기 위해 공부하고, 남들보다 더 좋은 대학과 직장에 들어가서 사회적 안정을 빨리 이루는 것이 좋은 일이라 여기며 아무 생각 없이 속도를 낸다. 그리고 부모들이 원하는 대학에 들어가서는 정작 자신의 진로에 대해 갈피를 잡지 못한다. 내가 그동안 왜 달려왔는지에 대한 회의가 물밀듯이 밀려오고, 앞으로 살아갈 날이 까마득하게 여겨지면서 삶에 대한 두려움이 밀려든다. 결국 스스로 인생의 경주를 포기해 버리는 젊은이들도 종종 본다.

특히 한국은 청소년 자살 1위라는 불명예를 안고 있지 않은가? 빠르게 달리기만을 강요하는 부모들과 사회의 분위기에 희생당하는 불쌍한 청소년들의 자화상이다. 자신의 소명이 무엇인지도 모른 채 부모의 등쌀에 밀려 공부만 잘하는 아이가 되어 정작 자신이 무엇을 좋아하는지, 무슨 일을 하고 살아야 하는지에 대해서는 생각해 볼 겨를이 없었던 것이다. 오늘날의 교육은 일단 토끼처럼 남들보다 더 빨리 달리고 보라는 식이지 않은가? 이유도 없이, 목적도 없이 그저 거북이를 이기는 것만이 목표가 되어 목적지가 어딘지도 모른 채 속도만 강요하고 있지 않은가? 그러니 게을러서 쉬기보다는 지쳐서 쉬게 되고, 결승점에 대한 비전을 잃어버린 채 방황의 늪으로 깊이 빠져들고 마는 것이다.

오늘날 토끼 같은 청춘들이 얼마나 많은가? 그들은 이리 뛰고 저리 뛰고, 열심히 무언가를 위해 달리지만 자신이 어디로 가고 있는지에 대한 방향을 잃어버렸다. 비전이 없다는 것은, 목적지를 알지 못하고 태평양 한가운데서 그저 노를 젓고 있는 모습과도 같다.

　인생의 궁극적인 비전을 하나님과 하나님 나라에 두지 않는 사람은 평생의 삶을 바칠 만한 삶의 목적과 소명을 깨달을 수 없다. 적어도 그리스도인이라고 말한다면 하나님의 영광이라는 궁극적인 목적을 매일 생각하고, 하나님 나라라는 결승점을 매일 머릿속에 그려야 한다. 하나님의 영광과 그 영광이 가득한 하나님의 나라는 하나님의 유일한 비전이기 때문이다. 하나님의 자녀들은 그런 점에서 거룩한 원시인(遠視人), 즉 하나님의 시각으로 멀리 바라보는 비전의 사람이 되어야 한다. 하나님 나라의 비전을 놓치는 순간 조급해지기 시작하고, 인생의 모든 것을 한순간에 잃어버리고 만다. 결국 조급함이 우리의 삶에 궁핍을 불러오는 것이다.

　예수님은 먼저 하나님의 나라와 의를 구하라고, 그리하면 이 땅의 모든 것이 더해질 것이라고 말씀하셨다. 부지런히 주의 나라를 위해 애쓰면 풍부에 이른다는 잠언의 말씀과 일맥상통한다. C. S. 루이스(C. S. Lewis)도 "하늘의 것을 추구하는 사람은 하늘과 땅을 모두 차지하게 되지만, 땅을 추구하는 사람은 하늘과 땅을 모두 잃게 된다"고 말했다.

~

　근면: 인생에는 지름길이 없다. 계속 움직이라

거북이가 승리한 셋째 이유는 근면성이다. 인생에는 지름길이 없다는 것을 깨달은 사람만이 부지런히 살 수 있다. 성공의 적은, 실패가 아니라 게으름이다. 게으른 사람은 빠른 길, 지름길을 찾는다. 하지만 인생길에 빠른 길은 없고 바른 길만 있다. 바른 길에서 벗어난 길은, 빠른 길이든 우회길이든 막다른 길(dead-end)이다. 다시 돌아 나와야 하는 막힌 길이다.

지름길을 찾는 인생은 늘 분주하고 조급하다. 하지만 바른 길을 가는 사람은 여유가 있다. 빠른 길이 아닌 바른 길을 여유 있게 가는 편이 행복하다. 생각해 보라. 등산하는 사람에게 산을 얼마나 빨리 오르느냐는 큰 의미가 없다. 속도를 낼수록 오히려 주변 경관을 제대로 즐기지 못한다. 산에 오르는 목적은 주위를 구경하며 기쁨을 누리며 산꼭대기에 오르는 것이다. 하나님 나라에 이르는 우리의 삶의 여정도 마찬가지다. 이 땅의 삶에서 주님이 베푸시는 은혜의 선물들을 누리며 여유롭게 그 하늘을 향해 올라가는 것이 행복이다. 남들보다 빨리 가는 것은 의미가 없다. 어떻게 가느냐가 더 중요하다.

부지런하면 여유가 생긴다. 조급하면 여유가 없어진다. 사실 우리 삶에 여유가 없는 것은, 바빠서가 아니라 부지런하지 않아서다. 진정한 부지런함은 여유를 낳는다.

예수님의 삶을 보라. 그분은 바쁜 사역 일정을 소화해야 하셨지만 분주하지 않고 여유가 있으셨다. 예수님은 부지런하셔서 바쁘시지 않았다. 그대가 바쁜 이유는 조급하기 때문이다. 서두르지 마라. 청춘은 서두를 이유가 전혀 없는, 달리기 초반전을 뛰고 있는 사람이다. 여유를 가지고 삶을 길게 보라. 그리고 예수님처럼 비전을 향해 부지런히 움직이라. 《그리스도를 본받아》라는 고전을 남긴 토머스 아 켐피스는 이런 말을 했다.

"휴식과 행복은 누구나 갈망하는 바이지만, 그것은 다만 근면에 의해서만 얻어진다."

발명왕 에디슨은 "천재는 1%의 영감과 99%의 노력으로 된다"는 유명한 말을 남겼다. 역사상 위대한 인물들의 공통점은 부지런함이다. 오늘의 최선이 내일의 성공이고, 오늘의 부지런함이 내일의 풍부함임을 깨닫기 바란다.

~

그대가 빨리 성공한 사람이든 대기만성형의 사람이든, 하나님은 그대가 끝까지 비전을 바라보며 거북이처럼 믿음의 경주를 끈기 있고 부지런히 할 것을 원하신다. 비행기의 목적은 이륙하여 하늘 높이 뜨는 것이 아니라 무사히 도착지에 착륙하는 것이듯, 우리 인생의 목적도 오래 지속할 수 있는 연료를 충분히 준비하여 안전하게 목적지에 도착하는 데 있다. 그리고 이러한 인생 비행에 있어서 하루하루는 비행기가 떨어지지 않고 하늘 높이 날 수 있는 소중한 기회이며 축복이다.

"오늘 내가 헛되이 보낸 시간은 어제 죽은 이가 그토록 그리던 내일"이라는 말처럼 그대의 매일은 너무나 소중하다. 매일매일 최선을 다해야 한다.

물론 최선을 다하는데도 일이 잘 안 될 때가 있다. 살다 보면 대패질을 하는 시간보다 대팻날을 가는 시간이 더 긴 경우가 많다. 붓을 들어 글을 쓰는 시간보다 먹을 가는 시간이 더 길 수도 있다. 그럴 때는 "아, 지금은 내가 대팻날을 더 갈아야 하고 먹을 더 갈아야 하는 때구나"라고 여기라. 조급해하지 마라. 삶을 비교하지 마라. 그 누구와도 경쟁하지 말고, 어제의 자신과만 경쟁하라. 어제보다 한 걸음 전진한 오늘, 오늘보다 한 걸음 전진할 내일만 생각하라. 나는 그대가 인생이라는 단 한 번뿐인 경주에서 당당하게 이기는 최고의 승리자가 되길 축복한다. 더글러스 멜로크(Douglas Malloch)의 시로 이 장을 마무리하고 싶다.

〈만일 당신이 산꼭대기의 소나무가 될 수 없다면〉

만일 당신이 산꼭대기의 소나무가 될 수 없다면
골짜기의 나무가 되라.
그러나 골짜기에서 제일가는 나무가 되라.
만일 당신이 나무가 될 수 없다면 덤불이 되라.
만일 당신이 덤불이 될 수 없다면 풀이 되라.
그리고 도로변을 행복하게 만들어라.
만일 당신이 풀이 될 수 없다면 이끼가 되라.
그러나 호수에서 가장 생기 찬 이끼가 되라.

우리는 다 선장이 될 수 없다.

선원도 있어야 한다.

우리는 누구나 쓸모 있는 존재다.

해야 할 큰일이 있다.

또한 작은 일이 있다.

그리고 우리가 해야 할 일은 가까이에 있다.

만일 당신이 고속도로가 될 수 없다면 오솔길이 되라.

만일 당신이 해가 될 수 없다면 별이 되라.

승리와 실패가 문제가 아니다.

당신의 최선을 다하라.

행복 큐티　　　창세기 32장 22-32절

◑ 숨 가쁘게 달렸던 야곱의 인생의 경주에 멈춤의 시간이 왔다. 그는 홀로 남았고 두려웠다. 이때 주의 사자가 등장하고, 둘의 씨름이 시작된다. 사자가 야곱에게 이름을 물은 이유는 무엇일까?(27절)

◑ 주의 사자는 야곱의 이름을 이스라엘로 바꿔 준다. 야곱이라는 이름의 뜻은 '속임수로 남의 자리를 빼앗는 사람'(supplanter)이고, 이스라엘이라는 이름의 뜻은 '하나님이 다스리신다'(God shall rule)이다. 그대는 하나님의 얼굴을 보지 못하는 야곱으로 살고 있는가, 하나님의 얼굴을 보는 브니엘(face of God)의 이스라엘로 살고 있는가?

◑ 야곱은 환도뼈의 힘줄이 끊어져 다리를 절게 되었다. 빨리 달리던 야곱은 느린 거북이가 되었다. 하지만 이후에 야곱의 이름은 이스라엘이라는 한 나라의 영광스러운 이름이 되었다. 야곱의 약함은 오히려 주님의 강함의 도구가 되었다. 야곱이 약할 때 주님이 강함 되셨다. 이 역설의 고백이 그대의 삶 속에도 있는가? 하나님이 그대의 약함을 사용하실 것을 믿는가?

오늘의 땀은 내일의 보석이 된다

지혜를 짜내려고 애쓰기보다 먼저 성실하라.
사람이 지혜가 부족해서 일에 실패하는 일은 적다.
오히려 성실이 부족하기 때문에 그렇다.
성실하지 못하면 지혜도 흐려지는 법이다.
벤저민 디즈레일리

청년들과 상담하는 문제는 주로 진로와 결혼이다. 진로 문제에 대해서는 자신이 무엇을 해야 할지 잘 모르겠다거나 하고 싶은 것이 없다는 말을 종종 듣는다. 이런 말을 들으면 참 난감해진다. 내가 그 친구에 대해 잘 모르는 경우가 많기 때문에 무엇을 해 보라고 권해 줄 수조차 없기 때문이다. 사실 무엇을 해야 할지 모르겠다는 것은 그 문제를 두고 오랫동안 고민해 보지 않았다는 말이다.

진로는 쉽게 결정되지 않는다. 꿈은 하루아침에 생기지 않는다. 꿈은 천천히 만들어 가는 것이다. 고(故) 스티브 잡스의 말처럼 꿈은 점(dot)과 같아서 꿈이 모여 하나의 선으로 연결된다. 당장 무언가를 급하게 결정하려고 해서는 안 된다. 빠른 길보다 중요한 것은 바른길이다. 하나님이 기뻐하실 것이라는 확신이 들 때까지 끈질기게 기도하고 부지런히 움직여 보라. 광야에 길을 만들어 주시는 하나님의 간섭하심을 맛보게 될 것이다.

무엇이든 쉽게 생각하고 쉽게 포기하는 버릇은 반드시 고쳐야 한다. 젊어서 이런 버릇이 몸에 배이면 나중에 나이 들어서는 고치기가 참 어려워진다. 매일의 만나를 감사함으로 먹을 줄 아는 사람에게 하나님은 광야에 길을 열어 주신다. 매일의 작은 기회를 우습게 여기지 않고 작은 일에 최선을 다하는 자에게 큰 기회의 때는 반드시 온다. 하나님은 우리에게 큰일을 맡기시기 전에 반드시 작은 일을 먼저 맡기시고 우리를 테스트하신다. 일상에서 곰과 사자를 물맷돌로 때려잡았던 다윗이 골리앗도 때려잡을 수 있었던 것이다.

청춘에게 중요한 것은 내일을 바라보며 꿈꾸지만 주어진 현실에 최선을 다하는 오늘의 삶이다. 오늘이란 무수한 점들이 모여 내일의 선이 되고, 결국 멋진 입체 도형을 만들어 내는 것이다. 지금은 힘들더라도 나중에 뒤돌아보며 웃을 날이 반드시 온다.

성실함은 하나님의 성품이다. 성실함의 반대인 게으름은 달란트 비유에 나와 있듯이 악의 근원이다. 한 달란트 받은 종이 땅에 한 달란트를 묻은 게으름은 결국 악한 행동으로 평가된다. 잠언에서도 게으름의 악에 대해 여러 번 반복해서 경고한다. 모든 죄의 근원은 교만과 게으름이라고 할 수 있다. 교만해서 잘못되든지, 게을러서 잘못된다.

성실(faithfulness)을 뜻하는 헬라어는 '피스티스'인데, 이 단어는 신약 성경에 믿음(faith)으로도 자주 등장한다. 믿음이 있다는 것은 성실하다는 말과 사실상 동일한 말이다. 믿음의 주이신 우리 주님은 성실하신 분이다. 졸지도, 주무시지도 않는 분이다. 하나님이 깜빡하고 주무시면 이 세상은 어떻게 될까? 하나님의 통치가 없는 곳이 지옥이니, 하나님이 주무시는 동안 이 세상은 지옥을 경험할 것이다. 그러나 감사하게도 그런 일은 단 1초도 일어나지 않았다. 이 세상 만물은 하나님의 성실하심을 그대로 드러내고 있다. 하나님은 한 순간도 쉬지 않고 세상을 운행하고 계신다. 이토록 성실하신 하나님의 자녀가 된 우리가 성실을 식물로 삼는 삶을 사는 것은 너무나 마땅한 일이 아니겠는가?

하나님의 형상의 회복에는 하나님의 성실하심의 회복도 반드시 포함되어 있다. 예수 그리스도로 말미암아 하나님의 형상으로 회복된 그리스도인은 게으름과는 더 이상 친구가 될 수 없는 것이다. 성령의 열매 가운데 하나가 성실(faithfulness: 충성)이지 않은가?

성경에 나오는 믿음의 인물들을 보라. 그들은 하나같이 모두 성실한 사람들이었다. 노아는 무려 120년 동안 사람들의 온갖 비

믿음이 있다는 것은
성실하다는 말과 동일한 말이다.

웃음을 뒤로한 채 성실하고 묵묵하게 방주를 지었다. 똑같은 일을 120년간 하는 삶이 상상이 가는가? 요즘 젊은이들은 한 직장에서 3년 버티는 것도 힘겨워한다. 오늘날 우리는 인스턴트(instant)의 시대를 살다 보니 성실한(constant) 사람을 찾기가 어려워지고 있다. 성실한 사람은 잘 변하지 않는 한결같은 사람이다. 인스턴트 시대에 정말 필요한 사람은 노아처럼, 거북이처럼, 성실한 사람이다.

하나님은 유명한 사람이 아니라 성실한 사람을 영화롭게 하신다. 성경을 보면 충성된 종에게 상급을 주겠다고 말씀하시지 유명한 종에게 상급을 주겠다고 약속하시지 않았다. 달란트 비유에서 다섯 달란트 남긴 자와 두 달란트 남긴 자에게는 동일한 칭찬이 주어진다.

"잘 하였도다. 착하고 충성된 종아!"

하나님의 평가 기준은 성공이 아니라 성실이며, 최고(The Best)가 아니라 최선(My Best)이다.

~

성실한 사람의 특징은 크게 세 가지다. 첫째는, 작은 일을 크게 여긴다는 것이다. 사람들의 관심은 언제나 큰일, 큰 성공이다. 작은 성공은 하찮게 여기는 경향이 있다. 하지만 기억하라. 작은 성공 없이는 큰 성공도 없다. 작은 성공 없이 큰 성공을 이룬 사람은 그 성공을 유지하지 못하고 반드시 망하기 마련이다. 로또에 당첨된 사람들의 대부분이 불행한 삶을 살아가는 이유가 바로 여기에 있다.

성실한 사람은 큰 성공을 꿈꾸는 사람이 아니라, 작은 일에 충성을 다함으로써 작은 성공이 주는 기쁨을 맛보는 사람이다. 생각해 보라. 다섯 달란트 받은 자가 쉽게 다섯 달란트를 남겼겠는가? 처음부터 큰일을 해서 장사에 성공했겠는가? 그렇지 않을 것이다. 모든 일은 작게 시작된다. 사람도 작게 태어나서 커지지 않는가? 다섯 달란트를 남긴 일에 대해서 주인은 작은 일이라고 평가한다.

네가 적은 일에 충성하였으매(마 25:21).

다섯 달란트는 어마어마한 금액이다. 요즘으로 환산해 본다면 대략 100억의 가치다. 그런데 예수님은 100억 상당의 이윤을 남긴 장사를 작은 일로 여기셨다. 하나님 나라는 길바닥이 전부 금인데, 100억은 얼마나 초라한 금액이겠는가! 사실상 우리가 이 땅에서 하는 모든 일은 주님이 보시기에 작은 일이다. 그러니 자랑할 것도, 교만할 것도 없다. 우리는 사람들이 큰일로 보는 일을 작은 일로 여길 줄 알고, 사람들이 작은 일로 여기는 일을 크게 여길 줄 알아야 한다. 그래야 성실한 사람, 한결같은 사람으로 살아갈 수 있다.

예수님의 삶을 보라. 예수님은 오병이어의 기적을 일으키시고 큰일을 했다고 자랑하지 않으셨다. 그리고 그러한 기적을 자주 베풀지 않으셨다. 오히려 죄인들의 집에서 먹고 마시면서 자주 수다를 떠셨다. 작은 자들과 함께 많은 시간을 보내셨고, 작은 자의 그룹인 열두 제자들과 많은 시간을 보내셨다. 예수님은 작은 것을 크게 보셨고, 큰 것을 작게 보셨다.

사람들에게는 십자가에 달리신 예수가 가장 작고 초라한 존재였지만, 하나님께는 십자가에 달리신 예수가 전 인류를 구원할 가장 위대한 메시아였다. 작은 말구유에서 역사상 가장 위대한 탄생이 일어났고, 작은 십자가에서 역사상 가장 위대한 일이 완성되었다. 예수님은 이 땅에서 성실의 모범을 보이셨다. 그리고 하나님을 위한 일에는 큰일과 작은 일의 구별이 없다는 사실을 몸소 보여 주셨다.

~

성실한 사람의 두 번째 특징은 아무도 보지 않는 곳에서 하나님을 의식한다는 것이다.

종들아 모든 일에 육신의 상전들에게 순종하되 사람을 기쁘게 하는 자와 같이 눈가림만 하지 말고 오직 주를 두려워하여 성실한 마음으로 하라 무슨 일을 하든지 마음을 다하여 주께 하듯 하고 사람에게 하듯 하지 말라(골 3:22-23).

역사상 최고의 예술가로 손꼽히는 미켈란젤로는 예술적인 재능을 천부적으로 타고났다. 그는 21세에 세계적인 작품을 만들었고, 30세가 되기 전에 그 유명한 〈피에타〉와 〈다비드〉 상을 완성했다. 그는 30대 초반에 교황 율리우스 2세로부터 시스티나 성당 천장에 벽화를 그리라는 명령을 받게 된다.

미켈란젤로는 처음에는 거절하려고 했다. 바티칸의 작은 성당 천장에 예수님의 열두 제자를 그리고 싶은 생각은 없었기 때문이다. 그는 소년 시절부터 그림을 그리긴 했지만, 그의 열정은 오직 조각에 있었다. 하지만 계속되는 교황의 요구에 마지못해 그 명령을 수락하게 된다. 그리고 그는 혼신의 힘을 다해 예수님의 열두 제자를 넘어 창세기에 나오는 9가지 장면을 뽑아 400명이 넘는 인물을 그려 나갔다.

미켈란젤로는 4년 동안 항상 누운 채로 천장에 그림을 그려야만 했다. 그 대가는 시력을 잃는 것이었고, 기력도 크게 소진했다. 그는 훗날 이렇게 회상한다.

"400명이 넘는 위대한 인물들을 그리며 고통스러웠던 4년을 보내고 나니 마치 예레미야 선지자처럼 늙고 지친 것 같았다. 아직 37세밖에 되지 않았는데, 친구들은 이미 노인처럼 늙어 버린 나를 알아보지 못했다."

미켈란젤로가 얼마나 세심하게 신경을 썼던지, 이제 그만해도 될 것 같은데 계속해서 그리고 있으니까 누군가 이렇게 물었다.

"어두운 시스티나 성당 구석에서는 아무도 보지 않을 텐데, 왜 그렇게 열심히 그리고 있어요?"

미켈란젤로는 대답했다.

"하나님이 보고 계십니다."

미켈란젤로는 "Coram Deo"(하나님 앞에서)의 정신을 가지고 자신의 일에 최선을 다한 성실한 아티스트였던 것이다. 물론 그의 재능은 정말 대단했다. 달란트 비유로 치자면 다섯 달란트를 받은 종이라고 할 수 있을 것이다. 하지만 그의 달란트는 성실함 없이는 빛을 발할 수 없었을 것이다. 주인이 멀리 떠나 있어도 마치 주인 앞에서 일하는 것처럼 열심히 장사하는 것이 성실이요, 충성이다. 성실은 멀리 내다보는 비전 없이도 지금 당장 마음만 먹으면 할 수 있는 것이다. 지금 주어진 일, 지금 맡겨진 일에 눈가림으로 하지 않고 주님 앞에서 최선을 다하는 것이 충성이다.

성실한 사람의 세 번째 특징은 쉽게 포기하지 않는다는 것이다. 눈앞에 닥친 어려움 때문에 자신의 일을 쉽게 포기하지 않는 끈기를 지니고 있다.

나는 아브라함이나 야곱에 비해 사람들의 관심을 비교적 덜 받는 이삭이 고난 가운데서도 성실을 보여 준 성실함의 전형이라고 생각한다. 이삭은 나그네로서 늘 낯선 환경 속에서 살아갔지만, 부르심의 자리에서 성실하게 최선을 다하며 농사를 지었다. 그리고 그해에 100배의 결실을 얻게 되었다. 이삭은 성실한 자에게 주시는 하나님의 복을 받았다.

그런데 하나님으로부터 받은 복 때문에 그 땅 거주자들로부터 시기를 받아 아비멜렉 왕으로부터 추방 명령을 받게 된다. 그래서 이삭은 하는 수 없이 조금 떨어진 그랄 골짜기로 이동하게 된다. 자신이 애쓰고 힘써서 일궈 놓은 옥토를 떠나 척박한 골짜기로 이동하게 된 것이다. 노른자 땅을 빼앗기고 시골 변두리로 쫓겨난 것이다. 그러나 이삭은 하나님이 그 땅을 떠나지 말라고 말씀하셨기 때문에 그 땅을 떠나지 않았다. 하나님을 원망하지도 않았다. 그는 다시 그 척박한 땅에서 묵묵히 우물을 파기 시작했다.

사람이 좋은 환경에 있다가, 쉽게 말해서 돈을 잘 벌다가 어려운 상황에 놓이고 불편한 곳에 살게 되면 신앙이 어떻게 되는 줄 아는가? 낙심하기 십상이다. 과거의 영광을 잊지 못하고 우울해지는 경향이 짙다. 하지만 이삭은 그렇지 않았다. 쿨하게 그 자리를 떠났다. 하나님의 뜻으로 받아들이고 새로운 곳을 개척하러 떠났다. 자리에 연연하지 않았다. 억울하게 성공의 자리를 떠나야 했지만, 풀이 죽거나 의기소침해지지 않았다. 좋은 환경을 떠나 삶의 터전을 옮겨야 했지만, 자신의 능력 되시는 여호와 하나님을 의지했기 때문에 그랄 골짜기를 새로운 기회의 땅으로 여겼다. 성실하게 다시금 우물을 파며 하나님이 머물라고 하신 곳을 떠나지 않았다. 그는 묵묵히 순종했다.

정직과 성실은 동서고금을 막론하고 최선의 방책이다. 그런데 요즘 들어 그리스도인들에게서 정직과 성실의 모습을 찾아보기가 힘들다는 것이 참 안타깝다. 세상 사람들로부터 "그리스도인들은 좀 다른 줄 알았더니 별로 정직하지도 않고 성실하지도 않더라"는 말을 듣는다면 정말 부끄러운 일이다.

그리스도인이라면 당연히 주님을 두려워하는 마음으로 정직하고 성실하게 살아가야 한다. 결국 그리스도인들이 신앙의 검증을 받는 곳은 교회 안이 아니라 세상 밖이지 않은가! 반복되는 일상, 가끔은 지루하게 느껴지는 일상이 바로 성실의 시험 무대다. 예수님은 그리스도인들을 '세상'의 소금이요, '세상'의 빛이라고 말씀하셨다. 이는 그리스도인의 참된 영성이 산속에서가 아니라 일상에서 빛나야 한다는 말씀이 아니겠는가!

톨스토이는 그의 단편 《세 가지 의문》에서 이렇게 말한다.

"이 세상에서 제일 중요한 때는 바로 지금이고, 이 세상에서 제일 중요한 사람은 현재 만나고 있는 사람이며, 이 세상에서 제일 중요한 일은 무엇인가 최선을 다하여 선을 베푸는 일이다."

잊지 말자. 더 늦기 전에 지금 땀을 흘리자. 땀은 물보다 진하니까. 그대가 오늘 흘리는 땀은 내일의 보석이 될 것이다.

행복 큐티   마태복음 25장 14-30절

◐ 그대가 상상하는 천국은 어떤 모습인가?

◐ 공평하신 하나님이 사람들에게 동일한 달란트를 주시지 않는 이유는 무엇일까?(15절)

◐ 두 달란트와 다섯 달란트 받은 종이 주인에게 달란트를 받았을 때의 반응과 한 달란트 받은 종의 반응은 어떤 차이가 있는가?(16-18절)

◐ 한 달란트 받은 종이 달란트를 땅에 묻어 둔 가장 결정적인 이유는 무엇이라고 생각하는가?(24절)

◐ 주인의 칭찬은 어떤 것이었고, 질책은 어떤 것이었는가?(21, 23, 26절)

◐ 달란트의 비유는 성실에 대해 어떤 교훈을 주고 있는가? 하나님이 보시는 성실함이란 어떤 것인가?

행복 영상   끝까지 인내하라

소명, 그대만의 고유한 색을 찾으라

)

우리가 가진 오직 하나의 소명은
하나님의 존재와 성품을 보여 주는 것이다.
프랜시스 쉐퍼

소명은 그리스도인들의 삶에서 아주 중요하다. 삶의 의미와 목적과 긴밀하게 연결된 주제이기 때문이다. 그럼에도 불구하고 내가 만난 청년들 가운데 많은 이들이 여전히 소명에 대해 모호하고 불투명한 입장을 지닌 채 살아가고 있다. 어떤 직업을 선택하고 어떻게 살아야 하는지, 어쩔 줄 몰라 하는 경우를 볼 때 마음이 참 안타깝다. 소명은 한 사람의 운명보다 중요하다. 사실 소명은 꿈보다도 중요하다. 소명만큼 행복을 주는 것도 많지 않다. 행복한 삶은 소명을 떠나서는 결코 맛볼 수 없다고 해도 과언이 아니다.

　나는 소명에 대해 고민하는 청춘들에게 소명에 대해서 자세히, 그리고 진지하게 들려주고 싶다. 먼저 소명의 정의와 목적과 영역 등을 살핀 뒤 나만의 독특한 소명을 발견하는 길을 소개하고자 한다.

~

　소명에 대한 정의는 다른 개념들처럼 다양하다. 소명을 한자 그대로 풀이한 것을 단순한 정의로 본다면 부를 소(召), 목숨 명(命)이다. 그 뜻은 어떤 특정한 일과 목적을 수행하기 위해서 누구의 부름을 받은 사람의 목숨이 된다. 철학자 키에르케고르는 소명을 이렇게 정의 내린다.

　"소명은 나 자신을 이해하는 것이요, 하나님이 진정 내가 무엇을 하기를 원하시는지 아는 것이다. 그것은 참된 진리를 발견하는 것이며, 내가 그것을 위해 살기도 하고 죽을 수도 있는 이념을 찾는 것이다."

　그리고 《소명》을 쓴 오스 기니스(Os Guinness)는 이렇게 정의 내린다.

　"소명이란 하나님이 우리를 너무나 결정적으로 부르셨기에 그분의 소환과 은혜에 응답하여 우리의 모든 존재와 행위와 소유가 헌신적이고 역동적으로 그분을 섬기는 데 투자된다는 진리다."

내가 생각하는 소명의 정의는 이렇다.

"그리스도의 은혜 안에서 나를 부르시는 하나님의 부르심에 응답하여 하나님이 내게 주신 모든 재능과 은사와 소유와 에너지를 하나님의 비전, 곧 하나님 나라를 위해 사용하는 것이다. 그리하여 하나님께 영광을 올려 드리는 것이다."

C. S. 루이스는 《순전한 기독교》에서 소명에 대해 다음과 같이 말한다.

"하나님은 우리에게 그저 종교적인 몇 가지, 예컨대 십일조, 자원봉사 몇 시간, 매 주의 성경공부 참석 등을 원하시는 것이 아니다. 하나님은 우리의 어떤 것을 원하시는 것이 아니라 단순히 우리 자신을 원하신다."

쉽게 말해 하나님은 교제하기 위해 우리를 부르신 것이다.

～

소명은 부르심을 받는 대상에 따라 일반적 소명과 특수적 소명으로 나눌 수 있다. 먼저 일반적 소명은 모든 그리스도인들에게 보편적으로 주어지는 소명을 말한다. 이 소명에는 개인적, 관계적 소명으로의 부르심이 있고 공동체적, 사명적 소명으로의 부르심이 있다. 개인적, 관계적 소명은 그리스도와의 연합으로의 부르심(요 15:7-8), 거룩으로의 부르심(고전 1:2; 벧전 1:15), 교회 공동체로의 부르심(엡 4:4)을 말한다. 그리고 공동체적, 사명적 소명은 문화 명령으로의 부르심(창 1:27-30)과 지상 대명령으로의 부르심(마 28:18-20)을 말한다.

특수적 소명은 모든 사람에게 주어지는 소명이 아니라 특별한 사람에게 주어지는 소명을 뜻한다. 이 소명에는 섭리적 소명, 은사적 소명, 내적 소명 등이 있다. 섭리적 소명은 출생, 가정, 교육, 개성, 기회 등에 나타난 하나님의 섭리의 손길에 의해 주어진 소명을 뜻한다. 성경에 나오는 인물을 예로 든다면 아브라함, 요셉, 모세, 에스더, 브리스길라, 아굴라 같은 사람들이 여기에 해당된다고 볼 수 있다.

그리고 은사적 소명은 하나님이 선천적 재능과 성령을 통해 주시는 후천적 은사로 부르시는 소명을 뜻한다. 성경에 나오는 인물의 예로는 브살렐, 오홀리압, 선지자들이 여기에 해당된다고 볼 수 있다.

마지막으로 내적 소명은 성령이 마음속에 강한 동기를 부여하심으로 부르시는 소명이다. 이 내적 소명은 내 소원인지, 하나님의 소명인지를 분별하기가 애매하고 어려울 때가 많지만 일반적으로 다음의 세 가지 요소를 확인해 보면 분별에 도움이 된다.

○ 동기의 당위성이 타당한가?
○ 당신의 소원보다 소명이 더 큰가?
○ 당신 안에 굉장한 만족과 기쁨이 있는가?

하나님께서 그대에게 소명을 주시는 목적은 무엇일까? 크게 보면 소명의 목적은 세 가지다. 첫째는 우리가 하나님의 영광을 위해서 살아가는 예배의 회복이고, 둘째는 그리스도의 형상을 닮아 가는 거룩의 회복이고, 마지막은 청지기적 사명(문화 명령+지상 대명령)을 완성하여 하나님 나라를 이 땅 가운데 구현시켜 나가는 하나님 나라의 회복이다. 이 목적은 출애굽 사건을 통해 잘 알 수 있다.

출애굽기를 보면, 하나님이 모세의 입술에 담아 주신 한 문장에서 이스라엘 백성을 출애굽시키신 목적이 잘 나타난다.

> 내 백성을 가게 하라 그들이 나를 섬길 것이다(Let my people go so that they may worship me. 출 7:16; 8:1; 9:1, 13; 10:3).

모세는 바로 왕에게 이 말을 여러 차례 전한다. 출애굽의 목적, 즉 하나님이 이스라엘 백성들을 애굽에서 불러내신 목적은, 단순히 해방에 머무르는 것이 아니라 하나님에 대한 예배를 회복하는 것이었다. 실제로 이스라엘 공동체는 출애굽하여 홍해를 건넌 후 하나님을 찬양하고 예배했다. 그리고 그들은 광야에서도 예배하는 법을 배워 나갔다.

하나님은 광야에서 모세를 통해 이스라엘과 시내 산에서 언약을 맺으시면서 그들을 부르신 목적에 대해 또 이렇게 말씀하신다.

> 너희가 내게 대하여 제사장 나라가 되며 거룩한 백성이 되리라(출 19:6).

하나님은 출애굽한 이스라엘 백성들을 이방인들과 구별되어 살아가는 거룩한 제사장 나라로 삼기를 원하셔서 그들에게 율법을 선물로 주셨다. 그들은 율법에 대한 철저한 순종을 통해 거룩을 훈련하고 배워 나가야만 했다. 그들은 하나님의 말씀 안에서 그리스도를 점점 닮아 가는 거룩한 하나님의 형상으로 빚어지고 있었던 것이다.

하나님이 이스라엘을 애굽에서 불러내신 또 다른 목적은, 그들이 가나안이라는 약속의 땅에서 하나님 나라를 만들어 가는 것이었다. 이 소명은 안타깝게도 불순종한 출애굽 1세대들에 의해 완성되지 못하고 여호수아와 출애굽 2세대들에게 넘겨졌다. 하나님이 소명을 주시는 목적은, 출애굽 사건을 통해 이야기했듯이, 세 가지(예배, 거룩, 하나님 나라)라는 사실을 기억하자.

～

하나님은 우리 삶의 어떤 영역에서 소명을 주실까? 사실 소명의 영역은 삶의 모든 영역이라고 할 수 있다. 이것을 크게 6가지 영역, 즉 가정, 회사, 교회, 이웃, 사회, 안식으로 나눌 수 있다. 보통은 소명의 영역을 안식을 제외한 5가지 영역으로 나누는 경우가 많다. 하지만 나는 안식의 소명을 꼭 포함시켜야 한다고 주장하고 싶다.

그대는 이처럼 여러 가지 소명들 속에서 살아가고 있다. 각자 부르심의 현장 속에서 우선순위와 균형을 찾기 위해 평생 애쓸 수밖에 없다. 그 노력은 결코 헛되지 않을 것이다. 다만 이것은 꼭 기억하자. 특수적 소명보다 더 중요한 것은 일반적 소명이며, 소명(Calling)보다 더 중요한 것은 소명을 주시는 분(Caller)이라는 사실이다. 소명의 목적은 하나님과 나와의 관계의 회복, 나 자신과의 회복, 그리고 나와 사회와의 회복에 있음을 기억하자. 그러므로 그대의 소명을 온전히 이루는 균형 잡힌 삶은 오직 하나님 중심으로 살아야 가능하다는 사실을 마음에 새기자.

～

모든 사람은 자신만의 색깔을 지니고 태어난다. 자신만의 색과 결이 있다. 그렇다면 나만의 독특한 소명은 무엇일까? 소명으로 사는 삶이란 자신만의 색을 발견하고 인생의 밑그림 위에 자신만의 색깔을 입혀 나감으로써 인생을 컬러풀(colorful)하게 만들어 가는 멋진 예술이다. 그대가 이 땅에 태어난 것은 결코 우연이 아니다. 그대는 그저 다수 가운데 한 사람으로 창조되지 않았다. 하나님이 목적을 가지고 그대를 창조하셨기에 지금 호흡하며 이 땅에 존재하고 있다는 사실부터 기억해야 한다. 하나님의 계획에 실패란 없기에 그대는 하나님의 졸작품이 아니라 하나님의 걸작품이다.

하나님은 그대의 가능성을 알고 계시기에 하나님의 때에 반드시 그대를 부르신다. 하나님의 아름다운 빛으로 그대를 불러 그대만의 색에 빛을 더해 주신다. 어쩌면 하나님은 지금 이 책을 들고 있는 그대에게 이 책을 통해 그 빛을 비추고 계신지도 모른다. 하나님의 부르심의 방식은 독특하기 때문이다. 나는 이 책이 그대만의 독특한 소명의 색깔을 찾는 데 조금이나마 도움이 되길 소원한다.

하나님은 인간과 함께 새로운 이야기를 만들어 가는 것을 기뻐하신다. 시골 출신의 촌사람이고 스펙이라고는 내세울 것이 없었던 아브라함이라는 한 사람을 부르시고, 그를 복의 근원으로 만드신 하나님의 이야기는 수천 년이 지난 지금도 여전히 전 세계로 뻗어 가고 있다. 모세를 부르신 장면은 또 어떤가? 하나님은 미디안 광야에서 실패한 모습으로 살아가던 살인전과자 모세를 불타는 떨기나무 가운데 부르셔서 출애굽이라는 위대한 사명을 주셨다. 소명의 음성을 들은 모세의 인생은 180도 바뀌었다. 실패자였던 모세를 지금까지도 존경받는 유대인의 영웅이 되게 만든 것은 단 하나, 바로 하나님의 소명이다.

아브라함과 모세가 자신들이 상상도 하지 못한 삶으로 초대되어 하나님께 쓰임 받은 믿음의 사람이 된 것은 바로 하나님의 부르심에 응답했기 때문이다. 만약 아브라함이 갈대아 우르를 떠나 하나님이 약속하신 땅으로 가라고 하는 부르심을 거절했다면 어떻게 되었을까? 아브라함은 갈대아 우르에서 평생을 지내면서 아브람으로 인생을 마감했을 것이다. 모세가 만약 하나님의 부르심을 외면하고 돌아섰다면 어떻게 되었을까? 모세는 광야에서 평생을 양을 치는 목자로 살다가 삶을 마감했을 것이다. 한 사람의 삶을 송두리째 바꿔 놓고, 세상의 역사를 바꿔 놓고, 하나님의 역사를 이 땅에 만들어 가는 것이 바로 소명이다.

기억하라. 하나님의 소명은 그대의 생각과 다를 뿐 아니라 그대의 상상을 초월할 정도로 위대하다. 하나님은 그대를 그분의 영광으로 부르신다. 그분의 영광스러운 부르심으로 살아가는 삶보다 더 행복하고 가슴 벅찬 삶이 어디 있겠는가?

행복 큐티   출애굽기 3장 1-12절

◑ 하나님이 모세에게 나타나신 때와 그를 부르신 때는 각각 언제인
가?(1-4절) 모세에게 나타나시고 그를 부르신 하나님의 때는 당신
의 지루하고 따분한 일상에 어떤 점을 일깨워 주는가?

◑ 하나님의 부르심 앞에서 모세가 취해야 할 가장 첫 번째 행동은
무엇이었나?(5절) 그 이유는 무엇인가?

◑ 하나님이 모세를 부르신 목적은 무엇이었나?(10절)

◑ 하나님은 모세에게 어떤 약속을 주시는가?(12절)

◑ 소명과 사명과 예배의 관계에 대해 생각을 정리해 보고 그대의
소명, 사명, 예배에 대해 묵상해 보라.

질투의 독을 디톡스하는 법

시기와 질투는
항상 타인을 쏘려다가 자신을 쏜다.
맹자

영화 〈아마데우스〉는 모차르트의 전성기에 그를 흠모하며 시기했던 살리에리의 애증을 다룬 영화다. 살리에리는 처음에는 모차르트를 흠모했다. 그의 천재성에 반했고, 그래서 한동안 그를 후원하기도 했다. 그러나 아무리 노력해도 자신의 능력이 모차르트에 비할 바 없음을 깨닫게 되었을 때 흠모의 마음은 애증으로 변하고, 다시 분노로 변했다. 결국 살리에리는 모차르트를 독살하기에 이르고, 자신은 정신병에 걸려 불행한 삶을 살게 된다.

"부러우면 지는 거다"라는 말이 있다. 이는 시기와 질투로 인해

56

불행한 인생을 살아가는 현대인들에게 주는 메시지다. 현대판 살리에리가 적지 않아 보인다. 질투는 상대방과 자신에게 쏘는 독화살과 같다. 만일 "사람이라면 누구나 어느 정도는 질투하지 않나?" 하면서 질투를 대수롭지 않게 여긴다면 큰 오산이다. 질투는 무서운 독이다.

> 분노가 잔인하고 파괴적이긴 하지만 질투에 비하면 아무것도 아니다(잠 27:4, 현대인의 성경).

성경에 나오는 인물 중에 사울은 살리에리 신드롬에 걸린 대표적인 인물이다. 질투는 사울의 일생을 불행 속으로 빠트리고 말았다. 질투는 비교에서 시작된다. 이스라엘 백성들이 "사울은 천천, 다윗은 만만"이라고 하는 말에 사울 왕은 질투심을 느끼고 다윗을 죽이려고 했다. 사람들의 평가는 주관적인 평가이기 때문에 사울은 그들의 말에 귀 기울일 필요가 전혀 없었다. 하지만 사탄은 이 소리를 사울의 귀에 맴돌게 해서 사울이 자신을 다윗과 자꾸만 비교하게 만들었다.

사탄은 내가 가진 것과 남의 것들을 비교하게 만들면서 우리의 영혼에 질투 바이러스를 뿌린다.

"주님, 제 몫은요? 쟤는 나보다 잘난 것도 없는 것 같은데 왜 그렇게 축복하시고, 나는 왜 요 모양 요 꼴인가요? 쟤네들은 신앙생활을 그렇게 열심히 안 해도 결혼만 잘 하네요. 저는 교회 봉사도 많이 하고 하나님을 잘 섬기는데 왜 이 나이가 되도록 결혼도 안 시켜 주시나요?"

비교는 질투를 낳는다. 질투는 남뿐 아니라 자신의 영혼을 파괴하는 독이다. 행복한 인생은 몸 안에 시기와 질투의 독이 없다. 시기와 질투를 모두 디톡스했기 때문이다. 영혼을 파괴하는 독을 없애는 3단계를 나누고 싶다.

~

질투 디톡스 1단계: 복의 개념부터 바꾸라

하나님의 복은 보상이 아니라 선물이다. 하나님은 우리에게 복을 주시는 분이다. 하나님은 최초의 인간인 아담을 만드시고 그에게 복을 주셨다. 인간은 하나님의 복 없이는 살 수 없는 존재다. 넓은 의미에서 볼 때 우리에게 있는 모든 것이 하나님의 복이다. 하나님이 그분의 자녀들에게 주시는 복은 그 종류가 다르게 보일 뿐 근본적으로는 같다. 복은 하나님의 사랑의 표현이기 때문이다. 복은 선물이며, 가장 좋은 선물은 받는 사람에게 가장 필요한 것이다. 하나님은 우리에게 가장 필요한 것을 주신다. 따라서 하나님의 복은 보상의 개념보다는 선물의 개념, 곧 은혜의 개념이 훨씬 더 크다.

하나님의 복을 보상으로 여기면 차별에 대해 불만을 품게 되고, 다른 사람이 가진 것에 질투심이 나게 된다. 하나님의 복을 선물로 여기면 차별(discrimination)이 아니라 차이(difference)로 받아들일 수 있다.

예수님이 말씀하신 포도원 품꾼의 비유(마 20장)는 보상으로서의 복과 선물로서의 복의 차이를 잘 보여 준다. 포도원 주인은 아침 일찍부터 장터로 나가서 일꾼을 불러들인다. 9시, 12시, 오후 3시, 오후 5시, 이렇게 네 차례에 걸쳐서 일꾼을 불러들인다. 그리고 오후 6시에 모든 일을 마친 일꾼들에게 품삯을 나눠 주게 된다. 오후 5시에 온 일꾼부터 동일하게 한 데나리온씩 준다. 처음부터 그렇게 약속했기 때문이다. 그런데 오전 9시부터 일한 일꾼들이 불만을 터트렸다. 아침 일찍부터 와서 고생한 자신들과 오후 5시에 와서 겨우 1시간 일한 사람들과 동일한 대우를 한 것에 대해 화난 것이다.

모두 오전 9시에 와서 일하고 한 데나리온씩 똑같이 받았다면 아마도 행복한 미소를 지으며 집으로 돌아갔을 것이다. 하지만 문제는 나보다 훨씬 덜 수고하고도 동일한 품삯을 받은 일꾼들이 있었다는 데 있다. 오전 9시에 온 일꾼들에게 품삯은 자신들이 받아 마땅한 보상이었지 주인이 마련한 선물이 아니었다.

그런데 가만히 생각해 보라. 사실 경제적 입장에서 보면, 주인이 일꾼들을 굳이 오후에 불러서 한 데나리온씩 나눠 준 것은 어리석은 행동이다. 포도원을 잘 운영하려면 오전 9시에 일꾼을 전부 고용했어야 한다. 하지만 주인은 그렇게 하지 않았다. 왜 그랬을까? 그들을 사랑했기 때문이다. 한 사람이라도 더 일할 수 있는 기회를 선물로 주고 싶었던 것이다!

이것이 주인의 마음과 일꾼의 마음의 극명한 차이다. 주인은 많은 일꾼이 혜택을 받도록 배려하기 위해 일거리를 제공하고 일당을 주려고 한 것이고, 9시에 온 일꾼들은 자신이 받을 혜택에만 눈독을 들인 것이다. 복에 대한 개념이 다른 반응을 불러일으켰다. 하나님이 주시는 복의 개념에 따라 사람의 반응은 이렇게 달라진다.

오늘날 그리스도인들은 하나님이 주시는 복에 대해 선물의 개념보다는 보상의 개념이 더 크게 자리 잡고 있는 것 같아서 안타깝다. 내가 받을 것에 대한 보상 심리로 인생을 살아가는 사람은 내가 기대하고 예상한 보상과 다를 때 실망하고 불만족스러워할 수밖에 없다. 더 나아가서 내 보상을 다른 사람과 비교할 때 질투심에 불타게 되고 분노하게 된다. 하지만 하나님이 베푸신 복을 선물로 여기고 보답 심리로 인생을 살아가는 사람은 행복하게 살 수밖에 없을 것이다.

행복한 인생은 선물(gift) 그 자체보다 선물을 주신 분(giver)을 더 좋아하는 인생이다. 행복한 인생은, 주시는 분은 하나님이시고 자신은 그저 받는 이(receiver)라는 사실을 받아들이는 인생이다. 행복한 인생은, 복이 보상이 아니라 선물임을 아는 인생이다.

질투 디톡스 2단계: 자족을 연습하라

행복한 인생은 하나님의 복이 상대적인 것이 아니라 절대적인 것이라는 사실을 안다. 하나님이 우리에게 필요한 복을 예비하시고, 하나님의 타이밍에 따라 복을 내려 주신다는 것을 믿는다.

행복한 인생이 되려면 하나님은 하나님의 때에, 하나님의 뜻에 따라, 하나님의 복을 우리에게 주시는 분임을 믿어야 한다. 하나님의 복은 언제나 기성복이 아니라 맞춤복이기 때문이다. 하나님은 모두가 입고 있는 기성복이 아니라 나만을 위한 맞춤복을 제작하고 계신다. 그리고 하나님은 언제나 나에게 꼭 맞는 맞춤복을 멋지게 입혀 주신다. 하나님이 내게 입혀 주신 옷에 만족하는 것이 자족이다. 내게 맞춤복을 입혀 주실 때마다 그 옷에 만족하는 자족의 훈련이 우리에게서 질투의 독소를 빼내 준다.

실제로 사람들을 보면 하나님이 입혀 주시는 축복의 옷의 모양과 스타일과 색깔이 얼마나 다채로운가? 어떤 사람은 건강의 옷을 입고 있고, 어떤 사람은 돈의 옷, 어떤 사람은 좋은 가정의 옷, 또 어떤 사람은 좋은 재능의 옷을 입고 있다. 우리가 받아 누리는 복의 종류는 그야말로 셀 수 없을 만큼 무궁무진하다.

하나님이 내게 주신 복과 선물에 만족하는 자족의 사람은 늘 행복하다. 선하고 공평하신 하나님은 어떤 이는 부유한 나라와 가정에, 또 어떤 이는 가난한 나라와 가정에 태어나게 하신다. 아마 어떤 사람은 이 말에 이의를 제기하고 싶을 것이다. "공평하신

하나님이

입혀 주시는

축복의 스타일과 색깔이

얼마나 다채로운가?

하나님이라면 왜 그렇게 하시는 거죠?"라고 묻고 싶을 것이다. 그렇다면 나도 질문하고 싶다.

"부유한 나라와 가정에 태어나면 하나님이 복 주신 것이고, 가난한 나라와 가정에 태어나면 하나님이 복 주시지 않은 것인가? 바꿔 말하면 가난한 가정에서 태어나면 불행하고, 부유한 가정에서 태어나면 행복한 것인가?"

꼭 그렇다고 볼 수는 없다.

우리가 이미 알고 있듯이, 행복 지수는 나라와 가정의 부의 정도와 오히려 정반대로 나타나는 경우가 얼마나 많은가? 우리나라는 예전에 비해 경제적으로 더 잘사는 나라가 되었지만 행복 지수는 후진국보다도 못하다고 발표되고 있지 않은가? 부유한 나라일수록 경쟁과 질투가 심해서 스스로를 불행하게 생각하고, 자신의 경제적 보상에 대해 불만을 가지고 있는 사람이 얼마나 많은가?

우리에게는 받은 복보다는 받고 싶은 복을 쳐다보는 본성이 있다. 그래서 늘 다른 사람이 누리는 복을 쳐다본다. 그리고 부러워한다. 하지만 진정한 그리스도인이라면 질투가 아닌 자족의 사람이 되어야 한다.

사울이 질투의 화신이었다면, 그의 아들 요나단은 자족의 화신이라 부르고 싶다. 사무엘상에는 사울과 다윗의 원수 관계 속에서도 마치 밤하늘에 빛나는 별과 같이 사울의 아들 요나단과 다윗의 우정이 함께 기록되어 있다. 아버지 사울이 다윗을 죽이려고 하는 것을 몹시 안타까워한 요나단은 하나님이 왕의 아들인 자신이 아니라 목동 출신의 다윗을 왕으로 선택하셨다는 사실에 만족했다. 그랬기 때문에 사울처럼 다윗을 질투하지 않았다. 그는 하나님의 뜻을 믿음으로 받아들이며 스스로 왕(king)이 아닌 '킹메이커'(kingmaker)로 만족했다. 존 맥스웰(John Maxwell)의 해석대로 요나단은 자신을 과대평가하지 않았고, 과소평가하지도 않았다. 자신과 다른 사람에 대해서, 무엇보다 하나님에 대해서 바른 관점을 가진 사람이었다.

그렇다. 바른 관점을 가지고 자족을 연습하는 인생이 하나님을 기쁘시게 하는 행복한 인생이다.

~

질투 디톡스 3단계: 하나님의 사랑을 확신하라

행복한 인생은 사랑으로 채워진 인생이다. 특별히 하나님의 사랑으로 채워진 인생은 행복할 수밖에 없다. 결국 질투는 사랑 없는 환경에서 기생하는 바이러스다. 하나님은 그대를 사랑하신다. 그리고 그대는 이미 최고의 선물을 받았다. 하나님의 아들 예수 그리스도를 선물로 받았다. 최고의 복을 받은 것이다.

성 어거스틴의 말처럼 만일 이 지구상에 당신 홀로 존재했다 하더라도 하나님은 예수 그리스도를 이 땅에 보내셔서 그대를 위해 십자가에서 죽게 하셨을 것이다. 그대의 마음속에서 하나님의 말로 다 할 수 없는 사랑에 대한 확신이 커질수록 질투와 두려움,

염려, 불안 등의 다른 감정이 자리할 곳이 없어진다. 하나님의 사랑은 가장 강력한 디톡스 재료다.

하나님은 당신을 있는 그대로 사랑하신다. 하나님이 당신을 지금 그대로의 모습으로 지으셨기 때문이다. 당신의 재능이 뛰어나든지 부족하든지, 외모가 빼어나든지 독특하든지 하나님은 당신의 모습 그대로를 사랑하신다.

하나님은 예수 그리스도 안에서 성령을 통해 그대와 함께하신다. 예수님은 그대를 절대로 고아와 같이 홀로 내버려 두지 않겠다고 약속하셨다. 예수님은 그대의 삶을 이미 십자가에서 완성하셨다. 승리의 선물을 그대에게 주셨다. 예수님은 십자가에서 그대를 왕으로 만들어 주기 위해 스스로 왕의 보좌를 내려놓으신, 요나단 같은 '킹메이커'이시다. 스스로 자신의 목숨마저 내줄 정도로 그대를 사랑하시는, 영원한 그대의 친구이시다. 그래도 아직도 부러운 무엇이나 누군가가 있는가?

그대는 하나님께 소중하고 보배로운 존재임을 잊지 마라. 바울의 감격스러운 고백을 외쳐 보라.

> 자기 아들을 아끼지 않으시고, 우리 모두를 위하여 내주신 분이, 어찌 그 아들과 함께 모든 것을 우리에게 선물로 거저 주지 않으시겠습니까?(롬 8:32, 새번역)

행복 큐티   마태복음 20장 1-16절

⬤ 천국 비유의 핵심은 1절에 나타나 있다. 천국은 무엇과 같다고 말씀하고 있는가?

⬤ 그대는 현재 다니는 학교나 직장을 어떤 마음으로 대하고 있는가? 처음 학교에 입학했을 때나 취직했을 때와 다르다면 어떻게 달라졌는가?

⬤ 기독교와 다른 모든 종교의 차이는 은혜에 있다. 현재 그대의 삶은 공로에 대한 보상 중심의 삶인가, 은혜에 대한 보답 중심의 삶인가?

⬤ 이 세상은 정글의 법칙이 강하게 작용하고 있다. 경쟁(competition)이 긍휼(compassion)보다 넘친다. 그러나 동료(companion)는 경쟁자(competitor)가 아니다. 함께 일하지만 여전히 사랑의 대상임을 잊지 말자. 시기의 독소를 빼내고, 대신 사랑의 비타민을 매일 복용하는 삶을 위해 주님의 마음을 구하는 기도를 하자.

청춘, 돈이 아닌 꿈을 선택하라

꿈꾸는 것이 가능하면
꿈을 이루는 것도 가능하다.
월트 디즈니

사람은 누구나 밤에 꿈을 꾼다. 꿈은 신비다. 꿈은 우리가 살고
있는 이 세상과 현실이 전부가 아니라, 미지의 세계와 초현실이
있다는 것을 보여 주는 좋은 증거다. 꿈은 사람의 심장과도 같다.
꿈이 없는 사람은 영혼의 심장이 없는 사람과 마찬가지다.

예나 지금이나 청춘의 특권은 꿈이다. 드높은 이상이다. 이제
인생의 출발선을 막 떠났기에 그의 가슴은 온통 꿈으로 가득 차
게 된다. 세상이 작아 보이고, 자신감으로 충만하여 세상 앞에 선
다. 그러나 대학을 졸업하면 세상이 자신이 생각했던 것보다 훨

씬 크다는 것에 놀라고, 자신의 꿈은커녕 당장의 생존 경쟁에서 살아남는 것조차 만만하지 않은 현실에 또 한번 놀란다. 모태 신앙으로 꾸준히 신앙생활을 해 온 친구도 당황하기는 마찬가지다.

"세상이 이렇게 치열했어? 이제 나는 무엇을 어떻게 하고 살아야 하지?"

그때서야 세상에 눈을 뜬다. 자신의 심장의 고동 소리를 미처 듣기도 전에 세상의 천둥소리에 기가 죽어 버린다. 자신의 '우물 안 개구리' 신세를 바라보면서 우울해하기도 한다.

내게도 "응답하라, 1992"의 추억이 있다. 서울대학교에 입학해서 부푼 꿈을 안고 캠퍼스를 거닐던 때였다. 내가 들어간 과는 독일어교육과였는데, 우리 과 신입생들 중에는 독일어 교사가 되고 싶어서 입학한 친구는 몇 명 되지 않았다. 그들에게는 법학과나 영문과에 들어갈 점수가 되지 않아서 지금의 학과를 선택했다는 일종의 열등감이 있었다. 남들이 말하는 소위 최고의 대학에 들어왔지만 그 흔한 '꿈'이 없었다. 그들의 심장을 고동치게 하는 '그것'이 없었다.

그들은 1학년 내내 고민하다가 결국 과반수가 고시 준비를 선택했다. 가슴이 아닌 머리를 선택했고, 패기가 아닌 패배를 선언했고, 꿈이 아닌 돈을 선택한 것이다. 한편으로는 이해되었지만 안타까운 것이 사실이었다. 최고의 대학에 와서 그들이 생각한 수준은 결국 개인의 안정이었던 것이다. 한때 최고의 학생으로 칭찬받던 그들이 결국 최악의 선택을 내린 것이다. 고시를 선택했다는 사실이 최악의 선택이라는 것이 아니라, 자신도 확신하지 못하는 길을 선택한 것이 안타까웠던 것이다.

나는 엠티(MT) 때 밤을 지새우며 대학생으로서의 고민을 나눴는데, 그들은 여전히 안개 속을 걷고 있는 것처럼 보였다. 첫 엠티 때 그들과 내 꿈을 나누었다. 그들은 예수님을 모르는 학생들이었다. 나는 자라 온 배경을 이야기하면서 하나님이 주신 꿈에 대한 이야기를 나누었다. 내 가슴을 뛰게 하는 것이 무엇인지, 내가 왜 독일어교육과에 들어오게 되었는지를 진지하게 나누었다. 어려서부터 나의 꿈은 목사가 되는 것이었고, 신학을 더 깊이 공부하기 위해 목사님이신 아버지의 권유로 우리 과에 들어오게 되었다고 말했다. 그러고 나면 친구들의 하나같은 대답은 "난 네가 부럽다"였다.

아마 20여 년이 지난 지금 그들은 가정을 이루고 나름대로 안정적인 삶을 살고 있을 것이다. 하지만 다시 또 그들을 만나게 된다면 나는 아마도 동일한 질문을 던질 것 같다.

"요즘 네 심장을 뛰게 하는 것은 무엇이니?"

"너 요즘 행복하니?"

~

현대인들의 질병 가운데 심장병은 여전히 발병이 높은 편에 속한다. 어느 날 갑자기 심장에 이상이 생겨서 병원에 입원하고, 엑스레이를 찍고 정밀 검사를 하기도 한다. 하지만 정말 우리가 찍어 봐야 할 엑스레이는 우리 영혼의 심장이다.

"나는 무엇으로 살아가고 있는가? 무엇을 위해 살아가고 있는가?"

이 질문은 '행복'이라는 주제와 직결된 가장 중요한 질문이다. 안타깝게도 예수를 모르는 사람들뿐 아니라 예수를 믿고 따른다는 젊은 그리스도인들 중에서도 마치 영혼의 심장이 멎은 것같이 살아가는 사람들을 만나게 된다.

행복은 심장에서부터 흘러나온다. 그리고 그 심장은 바로 '꿈'이다. 꿈의 심장이 고동치지 않는다면 살아도 사는 게 아니라는 사실을, 젊음의 특권인 꿈이 없으면 더 이상 젊은이가 아니라는 사실을, 꿈이 너무 많아서 선택하지 못하는 것과 꿈이 없어서 방황하는 것은 다른 것이라는 사실을 기억해야 한다. 더 늦기 전에, 심장이 멈추기 전에 심장을 뜨겁게 하는 꿈을 반드시 찾아야 한다. 우물쭈물하기엔 청춘의 시간이 너무나 짧지 않은가! 사소한 일상에 파묻혀 꿈까지 파묻고 살기에 젊음은 너무 강력한 에너지가 아니던가! 하나님이 그저 적당히 살라고 친히 흙으로 사람을 빚지는 않으셨을 것이다. 열정 없는 삶은 그 자체로 창조주 하나님을 크게 실망시키고 있다는 사실을 그대는 알고 있는가?

잠들기 전에 생각하면 미소가 머금어지고, 아침에 눈뜨면 심장 박동이 빨라지는 그것이 있다면 당신은 이미 행복한 인생이다.

일평생 만나지도 못하다가 죽어 간 진정한 '나'(heart)를 이미 발견했기 때문이다.

~

나는 1999년에 대학을 졸업한 직후 아내와 결혼했다. 그리고 그해에 곧바로 미국 유학길에 올랐다. 아내와 나는 한국에서 직장 생활을 하지 않고 곧바로 유학을 떠난 것이라 모아 둔 돈이 말 그대로 한 푼도 없었다. 결혼식에서 남은 축의금 800만 원이 유학 비용의 전부였다. 그때 어학연수로 뉴욕에 왔는데, 당시에 세 달 학비가 400만 원이었다. 지하에 신혼 방을 얻고 한 달 렌트비 530달러와 보증금을 내고 침대와 몇몇 신혼살림을 사니 6개월도 되지 않아 통장은 바닥이 났다. 게다가 뉴욕은 10월부터 추워지기 시작하는데, 주인이 히터를 잘 틀어 주지 않아서 이불을 덮고 아내와 누우면 입김이 나올 지경이었다.

나야 가난한 개척교회 목회자의 아들로 자랐고, 군대에서도 혹한기 훈련 때 눈 위에서 며칠을 보낸 경험이 있어서 이런 신혼 생활이 전혀 서럽거나 힘들지 않았지만 아내는 달랐다. 여자이고 큰 고생을 하면서 자란 사람이 아니라 춥고 외로운 신혼의 유학 생활을 견디기 힘들어했다. 대학생 때 2년 반 동안 연애하면서 거의 싸우지 않던 우리는 이 기간 동안 정말 심하게 다퉜다. 서로 마음이 불안정하다 보니까 신경이 예민해져서 서로에게 상처가 되는 말들을 쏟아 낸 것이다.

이때 우리 부부를 붙잡아 준 것이 가정 예배였다. 우리는 도와줄 이 없는 외로운 타국에서 오직 하나님만을 붙들게 되었다. 매일 가정 예배를 드리면서 하나님의 도우심을 구했다. 그러면서 아르바이트할 수 있는 곳을 알아보다가 뉴욕 퀸즈에 있는 한인 슈퍼마켓에서 밤에 파트타임으로 일하게 되었다. 대학에서 수학을 전공한 아내에게도 학원에서 일할 수 있는 기회가 주어졌다. 막막하던 신혼 생활 가운데 하나님의 간섭하심이 서서히 시작된 것이다.

가난한 신혼 시절에 나를 붙잡아 준 또 다른 것이 있다면 하나님이 주신 꿈이었다. 나를 목사로 부르시고 미국 유학에 대한 꿈을 주셔서 돈 없이 미국까지 물 건너오게 하신 하나님이 반드시 내 꿈을 이루시리라는 믿음이 있었다. 내 꿈은 웨스트민스터 신학교에 입학해서 신학을 제대로 공부하는 것이었다.

내 심장을 뜨겁게 하는 꿈이 있었기 때문에 초라한 아르바이트 생활 가운데서도 당당할 수 있었다. 슈퍼마켓에서 물건을 나르고 정리하고 계산하는 일은 내 꿈이 아니었지만, 내 꿈으로 가는 과정임을 알고 있었다. 그래서 기쁨으로 일할 수 있었다.

～

꿈이 지금의 고난을 이겨 내는 가장 강력한 에너지라는 사실을

요즘 그대의 심장을 뛰게 하는 것은
무엇인가?

이때 깨달았다. 꿈이 있는 사람은 꿈의 대가를 기꺼이 지불한다. 여호수아와 갈렙이 그러하지 않았는가! 그들은 말 그대로 비저너리(visionary), 즉 확실한 비전을 가진 자들이었다. 그들에게는 가나안의 꿈이 있었다. 그들의 심장은 그 꿈으로 꿈틀대고 있었다.

> 그러나 내 종 갈렙은 그 마음이 그들과 달라서 나를 온전히 따랐은즉 그가 갔던 땅으로 내가 그를 인도하여 들이리니 그의 자손이 그 땅을 차지하리라(민 14:24).

오늘날 인생의 광야를 걷고 있는 수많은 젊은이들은 민수기에 나오는 이스라엘 백성들처럼 광야에서 주저앉아 버린다. 현실에 대해 끊임없이 불평하느라 자신의 소중한 꿈마저 잃어버리고 만다. 그리고 그렇게 살다가 죽고 만다. 이 얼마나 비참한 일이란 말인가! 이 세상에서 꿈을 향해 열심히 살다가 마침내 그 꿈이 완전히 이루어지는 다음 세상으로 걸어 들어가는 삶이야말로 가장 가슴 벅차고 아름다운 인생이다. 이것이 행복한 인생이다. 그대가 바로 그 주인공이다. 꿈을 죽이지 말고 매일 조금씩 키워라. 그 꿈이 그대를 키워 줄 것이다.

내가 섬기는 뉴프론티어교회에는 꿈이 있다. 뉴욕 맨해튼에 기독교 초등학교를 세우는 일이다. 현재 맨해튼에는 기독교 초등학교가 몇 개 되지 않는다. 맨해튼이 기독교 인구가 3% 정도밖에 되지 않는 복음의 불모지이기 때문인 것 같다. 맨해튼의 오래된 교회들이 유럽 교회처럼 문을 닫고 때로는 술집으로도 팔리는 실정이다. 이런 모습을 지켜보면서 다음 세대에게 신앙을 전수하는 것이 얼마나 중요한 일인지 피부로 느끼게 되었다. 맨해튼에는 건강한 교회뿐 아니라 기독교 학교도 필요한데, 우리 교회가 학교를 세우고 그곳을 교회로도 사용하면 되겠다는 꿈이 생겼다.

현재 우리 교회는 초등학교를 빌려서 예배를 드리고 있기 때문에 학교와 교회의 조화가 얼마나 좋은지 잘 알고 있다. 주 중에는 학교로, 주말에는 교회로 사용하는 것은 건물을 최대한으로 활용할 수 있는 최고의 방법이라고 생각한다. 그래서 "비전 2020"이라는 겨자씨 운동을 펼쳤다.

작게 시작한 겨자씨 운동에 불을 붙인 사건이 발생했다. 어느 20대 부부가 신혼집을 팔고 남은 차액인 50만 달러(한화로 약 5억 원)를 겨자씨 헌금으로 전부 드린 것이다. 사실 전 세계에서 가장 비싼 땅 중 하나인 맨해튼에 한인이 최초로 학교를 짓는다는 것이 너무 큰 꿈은 아닌가 불안한 마음도 없지는 않았다. 하지만 하나님이 교회를 급성장시키시고, 리먼 브라더스 사태로 경기가 급속도로 침체된 시기에 오히려 비전이 점점 더 현실화되어 가고 있다.

근대 선교의 아버지라 불리는 윌리엄 캐리는 "하나님으로부터 위대한 일을 기대하라. 하나님을 위해 위대한 일을 시도하라"고 했다. 그의 말처럼 우리는 하나님으로부터 위대한 일을 기대해야 한다. 그러나 우리는 하나님으로부터 너무 작은 일을 기대하고,

너무 쉽게 꿈을 포기해 버리는 경향이 있다. 우리는 우리의 꿈을 전능하신 하나님의 사이즈로 확대시킬 필요가 있다. 갈렙처럼 믿음으로 나아가 "이 산지를 내게 주소서"라고 담대히 외치는 패기가 우리에게 절실히 요구된다.

꿈을 이루기 위한 십계명

1. 하나님 나라를 위한 꿈을 꾸라.
2. 아무리 큰 꿈도 항상 하나님보다 작게 여기라.
3. 자기 자신을 알라.
4. 돈이 아닌 꿈을 좇으라.
5. 많은 꿈이 아닌 큰 꿈을 품으라.
6. 꿈을 나 자신과 누군가에게 매일 이야기하라.
7. 열정의 기름을 늘 가슴에 주유하라.
8. 실패를 두려워하지 않는 배짱이로 살라.
9. 끝까지 꿈을 포기하지 마라.
10. 남의 꿈을 탐내지 마라.

행복 큐티   여호수아 18장 1-10절

◐ 가나안 땅을 아직 분배받지 못한 일곱 지파는 어떤 상태였는가?(1-3절)

◐ 여호수아는 일곱 지파에게 어떤 것을 명령하는가?(4-6절)

◐ 지도를 그리는 것과 제비뽑기와는 어떤 상관관계가 있는가?(6, 8-10절)

◐ 그대는 어떤 꿈의 지도를 그리고 있는가? 꿈의 지도를 그리기 위해 어떤 행동을 취하고 있는가?

◐ 만약 꿈이 없다면, 먼저 자신의 장점을 하나씩 적어 보라. 꿈 노트를 작성하라. 그리고 그것을 위해 매일 기도하라. 그리고 움직여라. 꿈의 지도가 조금씩 그려지기 시작할 것이다.

part two

하나님의
뜻은
직선이 아니라
곡선이다

곡선 인생, 믿음으로 걸으라

평범한 삶의 상황에서 날마다 하나님께 순종하는 것이야말로
우리의 삶을 향한 그분의 뜻이다.
제럴드 싯처

초대교회 성도들에게는 아름다운 신앙의 전통이 있었다. 그들은 편지를 서로 주고받을 때 D.V.라는 문구를 마지막 사인과 함께 기록했다고 한다. D.V.는 "Deo Volente"의 약자로 "하나님의 뜻이라면"이라는 의미다. 초대교회 성도들은 자신의 삶 속에서 펼쳐지는 모든 일에 있어서 항상 하나님의 뜻이 우선이 되기를 원했다. 내 뜻이 아닌 하나님의 뜻이 임하기를 원한 것이다. 이것이 우리 주님이 가르쳐 주신 주기도문의 핵심이 아닌가?

뜻이 하늘에서 이루어진 것같이 땅에서도 이루어지이다.

그리스도인들은 대부분의 사람들처럼 자신의 앞날을 위해 인생 계획을 세우며 살아가지만 그 계획 속에는 항상 전제가 따라붙기 마련이다. "Deo Volente"(만일 하나님의 뜻이라면 그렇게 이루어질 것입니다). 이는 주님의 뜻이라면 순종하겠다는 겸손한 마음이 녹아 있는 신앙 고백이다.

청년 사역을 하다 보니 아무래도 결혼에 관한 이야기를 많이 하게 되고, 내 설교에도 결혼에 관한 이야기가 나올 때가 많다. 그래서 청년들이 나를 '깔때기 목사'라고 부른다. 어떤 성경 본문으로 설교를 해도 항상 결혼 얘기로 귀결된다는 것이다.

내가 뉴욕에 있는 자매들에게 가장 많이 들은 말은 "몽싸님, 뉴욕엔 남자가 없어요"다. 그런데 한국으로 돌아간 자매들에게서도 똑같은 말을 듣는다. "몽싸님, 서울에도 남자가 없어요." 지구의 절반이 남자라는데 그 남자들은 도대체 어디로 간 것일까? 뉴욕에 남자가 없다고 확신에 차서 말하는 그 자매 옆에는 항상 교회 오빠가 앉아 있다. 그럼 그 교회 오빠는 도대체 누구란 말인가? 내가 자매에게 "멀리서 찾지 말고, 이 오빠 어때?"라고 하면, "몽싸님, 이 오빤 가족이죠~"라고 대답한다. 그러면 나는 대답한다. "오늘부터 가족의 연을 끊어라."

이렇듯 자매들에게 교회 오빠들은 많은데 남편감은 없다고 한다. 모든 자매들이 원하는 이상형의 교회 오빠는 다른 교회에 있는 것이 함정이다. 우리 교회에는 없다. 설령 있어도 예쁘고 어린 자매들에게 그 오빠를 파송해야 할 때가 참 많다.

요즘 결혼은 참 어렵다. 취업보다 어렵다. 남녀가 눈이 맞아 결혼하는 것이 점점 쉽지 않은 세상이 되어 버렸다. 소비 사회가 되면서 다양한 제품들이 쏟아져 나오고, 소비자들은 끊임없이 이 상품과 저 상품을 비교하며 구매하는 것이 습관이 되었다. 우리 삶 속에 소비주의(consumerism)가 깊숙하게 자리 잡았다. 교회를 선택하는 문제나 배우자를 선택하는 문제에도 소비주의의 영향이 참 크다고 생각한다. 모든 선택의 문제를 유익의 문제로 여기는 것이다. 이것이 내게 더 유익한지가 선택의 기준이 되어 버렸다.

이것은 과거에 우리 신앙의 선배들이 보여 준 선택의 기준, "하나님의 뜻이냐, 아니냐"와는 완전히 달라진 모습이다. 결혼 문제를 돌파해 나가는 데 있어서 가장 먼저 회복해야 할 것은 오직 하나님의 뜻만을 구하는 "Deo Volente"의 정신이다. 이런 의미에서 결혼은 선택의 문제이기 이전에 순종의 문제인 것이다.

사실 인생을 살아가면서 하나님의 뜻을 알아차리는 것은 쉽지 않다. 하나님의 뜻인지, 내 뜻인지 헷갈리기도 한다. 이 둘 사이에는 늘 보이지 않는 긴장이 있다. 하나님의 뜻을 분별하는 것은 어느 날 갑자기 이뤄지는 타고난 재주나 특별한 은사가 아니다. 하나님과의 지속적인 관계 속에서 스스로 익혀 가는 훈련이다. 매 순간 하나님의 뜻을 파악하는 것보다 더욱 중요한 것은, 하나님의 뜻이 내 삶 속에서 어떻게 이뤄지든지 그것은 선하고 완벽하다는 믿음을 가지고 절대적으로 순종하는 것이다. '선순종'의 태도를 보이는 것이다. 하나님께 먼저 순종하겠다는 다짐과 전적인

의탁이 있을 때 하나님의 뜻을 좀 더 분명하게 깨닫게 된다.

그런데 많은 경우에 우리의 삶 속에서 작용하는 하나님의 뜻은 직선이 아니라 곡선이다. 그래서 때로는 우리의 머리로는 도저히 이해되지 않는 일들이 삶 속에 펼쳐진다. 우리 인생이 이리 휘어지고 저리 휘어진다. 내 뜻과는 전혀 상관없는 불행이나 고통을 예기치 않게 만난다. 내가 아무리 방어 운전을 해도 중앙선을 넘어서 나와 충돌해 버리는 차처럼 말이다. 창세기에 나오는 요셉이 하나님의 곡선 같은 뜻을 경험한 대표적인 인물일 것이다.

~

요셉의 삶은 어릴 때부터 그야말로 곡선으로 꼬였다. 자신의 뜻과는 상관없는 길로 인생길이 흘러가게 된다. 어느 날 갑자기 형들에 의해 구덩이에 던져져서 죽을 뻔했다. 다행히 미디안 상인의 손에 구출되었지만 이집트 노예로 팔려 간다. 그리고 바로 왕의 경호실장인 보디발의 집에서 집사로 일하게 된다. 요셉의 10대 시절은 너무나 불행하게 보인다.

하지만 놀랍게도 창세기에서 요셉이 우울해하는 모습을 찾아볼 수 없다. 그는 하나님을 원망하거나 자신의 기구한 운명을 탓하지 않은 것 같다. 성경은 오히려 하나님이 요셉과 늘 함께하셨기에 그의 삶이 형통했다고 기록한다. '형통했다'는 것은 쉽게 말하면 성공했다는 말이다. 그런데 성경은 요셉이 총리가 되었을 때 성공했다고 말하지 않고 그가 노예로 살았을 때 성공했다고 말한다. 창세기 저자가 성공이라는 것은 꼭 높은 자리에 올라가는 것만이 아니라는 점을 일부러 부각시키려고 한 듯한 인상을 준다. 성공의 여부는 인생의 힘든 시기에 주님과 함께 있었느냐, 아니냐에 의해 평가된다는 점을 성경은 강조하고 있다. 하나님이 요셉의 성공을 바라보시는 초점은 형통(prosperity)의 결과가 아니라 임재(presence)의 과정에 있었다.

요셉의 삶에 또 한번 시련이 찾아온다. 보디발의 아내에 의해 성추행의 누명을 쓰고 억울한 감옥 생활을 하게 된 것이다. 길고 어두운 감옥 생활 가운데서도 요셉은 자신의 운명을 탓하지 않고 의연하게 하나님의 임재를 경험했다. 창세기 저자는 감옥에 있는 요셉에 대해서도 형통한 삶을 살았다고 평가한다.

요셉은 곡선의 연속을 지나 30세에 애굽의 총리가 되었다. 그때 그는 자신을 죽이려고 했던 형들을 거듭 용서하며 이렇게 고백했다.

> 하나님이 큰 구원으로 당신들의 생명을 보존하고 당신들의 후손을 세상에 두시려고 나를 당신들보다 먼저 보내셨나니 그런즉 나를 이리로 보낸 이는 당신들이 아니요 하나님이시라 하나님이 나를 바로에게 아버지로 삼으시고 그 온 집의 주로 삼으시며 애굽 온 땅의 통치자로 삼으셨나이다(창 45:7-8).

요셉은 총리가 되고 나서야 이해할 수 없었던 하나님의 뜻을 깨달을 수 있었다. 하지만 그는 이 온전한 깨달음이 있기 전에도 하나님의 뜻이 자신의 삶에 이뤄질 것을 믿으며 성실하게 하루하루를 살았다. 하나님의 뜻을 알아서가 아니라 하나님이 선하신 분이라는 것을 믿었기 때문에 자신의 소중한 젊음을 분노와 상처 속에 내동댕이치지 않았다. 그는 하나님의 뜻이 직선이 아니라 곡선임을 알았던 것 같다. 요셉은 수많은 우회 도로를 돌고 돌아서 드디어 하나님의 꿈의 자리에 이르렀다. 그 삶에 펼쳐진 모든 일은 하나님의 거대한 뜻, 하나님의 꿈을 이루기 위한 재료들이었다.

그대의 인생길이 직선 도로가 아니라 우회 도로였던 이유는, 요셉이 그러했듯이, 뒤돌아볼 때만 깨달을 수 있다. 앞으로 걸어갈 때는 내 인생이 왜 직선이 아니라 곡선인지 이해하지 못한다. 키에르케고르도 이렇게 말했다.

"Life can only be understood backwards; but it must be lived forwards"(인생은 뒤돌아볼 때만 이해할 수 있지만, 우리는 앞으로 가면서 살아야 한다).

자신의 길을 모두 알고 걸어가는 인생은 아무도 없다. 우리는 천국을 믿어서 그곳을 향해 걸어가는 것이지, 천국에 대해 다 알아서 걸어가는 것이 아니다. 우리가 다 알아서 만들 수 있는 것이

"하나님의 선하신 뜻에 제 인생을 맡깁니다."

길이라면 누가 길 되신 주님을 찾으려고 하겠는가? 믿음으로 걸어가다 보면 결국 하나님의 뜻은 반드시 그분의 섭리 속에서 이뤄진다. 주님의 뜻이 우리의 삶 속에서 이뤄지고 난 뒤 뒤돌아보면, 나보다 나를 더 잘 아시는 하나님의 인도하심이 얼마나 완벽한 것인지를 깨닫고 감사하게 된다.

내 인생을 나보다 더 잘 아시는 그분은 보이지는 않지만 지금도 나를 위해 일하고 계신다. 하나님이 우리의 눈에 보이지 않는다고 해서 존재하지 않는 것이 아니다. 공기가 우리의 눈에 보이지 않는다고 해서 존재하지 않는 것이 아니듯 말이다. 그렇기 때문에 우리는 "왜?"라는 질문을 끊임없이 던지기보다는 요셉처럼 현재 자신에게 주어진 일을 계속하면서 주님의 뜻이 이뤄지기를 기다려야 한다. 기다리는 자에게 하나님의 뜻은 반드시 이뤄지고야 만다.

혹시 그대의 인생길이 지금 직선이 아니라 곡선이라면 걱정하지 마라. 곧 하나님의 손길이 그대의 삶 속에 드러날 것이다. 무슨 일이 있어도 이것만은 꼭 잊지 말자. 그대의 인생은 그대 손에 달려 있는 것이 아니라 하나님 손에 달려 있다!

~

내 모든 인생이 주님의 신비로운 손 안에 있음을 알고 그분의 뜻에 자신의 인생을 맡기는 사람은 언제나 행복하다. 세상이 줄 수도 없고 빼앗아 갈 수도 없는 하나님의 평안을 소유한 사람이기 때문이다. 그대의 인생은 주님 손에 있다. 그리고 그 손은 그대 손을 절대 놓지 않는 손이다. 그대를 향한 하나님의 약속의 말씀을 붙잡으라.

> 두려워하지 말라 내가 너와 함께함이라 놀라지 말라 나는 네 하나님이 됨이라 내가 너를 굳세게 하리라 참으로 너를 도와주리라 참으로 나의 의로운 오른손으로 너를 붙들리라 … 이는 나 여호와 너의 하나님이 네 오른손을 붙들고 네게 이르기를 두려워하지 말라 내가 너를 도우리라 할 것임이니라(사 41:10, 13).

하나님은 그대를 주인공으로 하는 인생의 드라마 작가시다. 그런데 그대가 알아야 할 것은 원래 드라마 작가는 드라마 속에 등장하지 않는다는 사실이다. 연기자들만 보일 뿐이다. 하지만 작가는 그 연기자들을 보면서 희열과 행복을 느낀다. 작가는 이미 그 드라마 속에서 살아 숨 쉬고 있다. 그대의 하나님이 바로 그런 분이시다. 그분은 그대의 실수에 안타까워하시고, 그대의 상처에 가슴 아파하신다. 하지만 결국 당신의 드라마는 해피 엔딩이 될 것이다. 위대한 작가의 능력을 한번 믿어 보라. 작가의 스토리 전개는 당신의 예상을 뛰어넘는 방식으로 전개될 것이다.

아직 당신의 드라마는 끝나지 않았다. 설레지 않는가? 마지막 회가 궁금하지 않은가? 기대하고 맡기라. 당신의 인생 전부를 그 위대한 작가의 손에 맡기라. 그분의 뜻이 그대의 삶에 이뤄질 것이다.

~

　중국 선교에 일생을 바친 영국 선교사 허드슨 테일러는 사람들로부터 "당신은 어떻게 일생을 선교지에서 사역자로 보낼 수 있었습니까? 그러면서도 행복한 비결은 무엇입니까?"라는 질문을 받을 때마다 이렇게 대답했다고 한다.
　"제 헌신과 행복의 비결은 하루를 어떻게 시작하느냐에 달려 있습니다. 연주자는 음악회가 시작되기 전에 악기를 조율합니다. 음악회가 끝난 뒤 조율한다면 어리석은 사람이겠지요. 저는 아침에 일어나면 하나님의 뜻과 맞추는 일부터 합니다. 그러면 인생이 보람 있지요."
　그대가 매일 아침에 눈을 뜰 때면 하루를 하나님의 뜻에 맞춰 조율할 수 있기를 바란다. 이 조율은 하나님의 뜻에 대한 새로운 발견이 아니라, 이미 보여 주신 하나님의 뜻에 대한 새로운 순종을 의미한다. 한 치 앞도 모르는 인생의 항해의 키를 그분 손에 맡기고, 묵묵히 노를 젓는 것이 진정한 행복이다. 언제나 그분이 그분의 뜻대로 그대를 최선의 곳으로 인도하신다. 파도를 보고 두려워하거나 의심하지 말고 끝까지 멋진 항해를 계속하기를 축복한다.

행복 큐티　　　창세기 45장 1-15절

◗ 요셉은 형들이 자신을 팔았던 사건을 하나님이 자신을 보내신 사건으로 재해석한다.(4-5, 7-8절) 그대는 지난날에 벌어진 수많은 사건들(상처, 실패, 고난 등)을 어떻게 해석하며 현재를 살아가고 있는가?

◗ '섭리'를 뜻하는 영어 단어는 'Providence'다. 이 단어는 'provide' 라는 동사에서 파생됐다. "하나님이 준비하신다. 하나님이 제공하신다"라는 뜻의 "God Provide"(여호와 이레)에서 나온 단어다. 그대가 하나님의 강한 섭리를 느꼈던 적은 언제인가?

◗ 요셉처럼 항상 하나님과 동행하는 사람의 특징은 모든 것을 하나님의 뜻에 맡기는 믿음에 있다. 지금 그대가 하나님께 맡겨 드려야 할 것은 무엇인가?

일보다 쉼이 먼저다

나 지치고 내 마음 연약할 때 근심 속에 내 마음 무거워
주 오셔서 함께하실 때까지 나 잠잠히 주님을 기다려.
복음성가 <날 세우시네>

새해가 되면 직장인들이 가장 먼저 하는 일이 있다. 빨간 날을 달력에서 꼼꼼히 세어 보는 일이다. 모든 사람에게는 늘 쉬고 싶은 마음이 있다. 일로 바쁜 현대인들은 쉼에 목말라한다. 일은 노동이다. 일은 사람을 육적으로, 정신적으로 지치게 하는 요소가 분명히 있다. 아무리 자신이 좋아하는 일을 한다 할지라도 마찬가지다. 그런데 일이라는 것은 본래 하나님이 인간에게 주신 축복이었다.

하나님이 자기 형상 곧 하나님의 형상대로 사람을 창조하시되 남

자와 여자를 창조하시고 하나님이 그들에게 복을 주시며 하나님
이 그들에게 이르시되 생육하고 번성하여 땅에 충만하라, 땅을 정
복하라, 바다의 물고기와 하늘의 새와 땅에 움직이는 모든 생물을
다스리라 하시니라(창 1:27-28).

하나님은 일을 통해 이 땅의 문화를 만들어 가라는 문화 명령
을 인간에게 주셨다. 하지만 안타깝게도 인간의 범죄로 일은 죄
의 결과물인 '고통'이라는 요소를 끌어안게 되었다. 일은 수고하
고 땀을 흘려야 하는 노동이 된 것이다.

아담에게 이르시되 네가 네 아내의 말을 듣고 내가 네게 먹지 말
라 한 나무의 열매를 먹었은즉 땅은 너로 말미암아 저주를 받고
너는 네 평생에 수고하여야 그 소산을 먹으리라 … 네가 흙으로
돌아갈 때까지 얼굴에 땀을 흘려야 먹을 것을 먹으리니 네가 그것
에서 취함을 입었음이라 너는 흙이니 흙으로 돌아갈 것이니라 하
시니라(창 3:17, 19).

하지만 참 감사한 것은, 하나님은 인간에게 일뿐 아니라 쉼의
축복도 동시에 주셨다는 사실이다. 쉼의 선물이 주어져 있기 때
문에 일의 고통으로부터 쉴 수 있는 시간이 이미 확보되어 있다.

밤이라는 시간은 첫째 날에 이미 창조되었다. 밤은 쉼의 시간
이다. 창조 사건에서 하나님도 6일 동안 낮에 일하시고 저녁에 쉬

셨다. 이는 하나님이 인간의 라이프 사이클대로 움직이셨다는 사실을 보여 준다. 6일 동안의 창조 사건은 모두 "저녁이 되고 아침이 되니 ~날이니라"(창 1:5, 8, 13, 19, 23, 31)는 말로 매듭지어지고 있다. 지금도 유대인들은 해 질 때부터 다음 날 해 질 때까지를 하루의 사이클로 생각하고 있는데, 이는 상당히 오래된 일임을 알 수 있다.

이러한 관점으로 볼 때, 쉼은 하루의 마지막이 아니라 시작이 된다. 쉼으로 하루가 시작되고, 일은 하루의 마무리가 된다. 천지를 만드신 하나님이 인간에게 주신 복을 둘로 나눈다면 일과 쉼이 되는 것이다. 우리는 매일 일과 쉼의 사이클대로 살아가도록 지음 받았다. 다만 아담의 범죄 이후에 우리는 일의 수고와 일로 인한 고통을 끌어안게 된 것이다.

~

하나님은 하루하루의 쉼뿐 아니라 특별한 쉼을 선물로 허락하셨다. 바로 일곱째 날의 쉼, 곧 안식이다. 하나님은 일곱째 날을 선택하여 완전한 쉼의 날로 제정하셨다.

하나님이 그가 하시던 일을 일곱째 날에 마치시니 그가 하시던 모든 일을 그치고 일곱째 날에 안식하시니라 하나님이 그 일곱째 날을 복되게 하사 거룩하게 하셨으니 이는 하나님이 그 창조하시며 만드시던 모든 일을 마치시고 그날에 안식하셨음이니라(창 2:2-3).

96

창조 사건의 시간적 순서로 볼 때는 안식일이 일주일의 마지막처럼 보이지만, 안식일의 의미로 볼 때 안식일은 일주일의 시작임을 알 수 있다. 최초의 인간 아담이 여섯째 날에 창조되었기 때문에 아담에게 첫날은 일곱째 날인 안식일이었다. 아담이 창조된 후 가장 먼저 한 것은 일이 아니라 쉼이었던 것이다. 그것도 일곱째 날의 완전한 쉼이었다. 그는 창조되자마자 곧바로 일한 것이 아니라 안식일에 하나님과 함께 쉰 것이다. 아담의 일주일은 쉼으로 시작되었다.

일곱째 날이 특별히 복되고 거룩한 이유는 인간이 하나님과 함께 완전한 쉼을 누리는 날이기 때문이다. 이처럼 안식은 중요한 의미를 지니고 있다. 안식은 사실상 창조의 완성이요, 창조의 목적이라고 할 수 있다.

하나님이 일곱째 날을 특별히 구분하여 거룩하게 하시고 복 주시고 안식하신 이유는 하나님 자신을 위함이 아니라 인간을 향한 사랑 때문이다. 매일 충분한 쉼을 가질 수 있는 아담이 일곱째 날에 하루 전체를 쉬어야 할 이유가 도대체 무엇인가? 결국 일곱째 날은 육체의 쉼이 아니라 영혼의 쉼을 위한 날임을 알 수 있다. 하나님은 인간에게 육체의 쉼을 위해 밤을 주셨고, 영혼의 쉼을 위해 안식일을 주신 것이다. 인간은 일곱째 날에 하나님 안에서 영혼의 쉼을 누림으로써 자신의 생명이 하나님께로부터 왔음을 기억하고 감사한다. 그리고 자신이 하나님의 영광을 드러내는 존재임을 깨닫게 된다.

예수님은 고달픈 인생을 살고 있는 그대를
참된 안식으로 초대하신다.

안식일에 누리는 영혼의 쉼은 육체의 일들을 내려놓을 때만 가능하다. 모든 일상의 일을 내려놓고 거룩하신 하나님께 영으로 온전히 예배할 때 완전한 쉼의 행복을 누리게 된다. 하나님은 인간이 적어도 일주일에 한 번은 규칙적으로 창조주 하나님을 기억하고, 그분과 더 깊이 만나는 거룩한 시간을 갖게 하신 것이다. 따라서 영혼의 쉼 없이 육체의 일만 하는 삶은 하나님의 창조 원리에 어긋난 삶이다.

하나님은 안식일을 복 주시고 거룩하게 하셨다. 하나님과 교제하는 것이 가장 큰 복이고, 거룩인 것이다. 이는 하나님이 복의 근원이시고 거룩의 근원이시기 때문이다.

하나님은 모세에게 십계명을 주시면서 제4계명에서 안식일을 기억하여 거룩히 지킬 것을 명령하셨다. 그리고 이때부터 이스라엘 백성들에게 안식일은 창조주 하나님뿐 아니라 출애굽의 은혜를 베푸신 구세주 하나님을 기억하는 날이 되었다. 안식일의 의미가 하나님의 구속의 역사 가운데서 점점 발전해 간 것이다.

안식일의 의미는 이 땅에 오신 하나님의 아들 예수 그리스도를 통해서 역사적으로 완성되었다. 예수님이 십자가에서 돌아가신 후 부활하신 날이 안식 후 첫날이다. 예수님은 구약의 율법의 완성자로 사셨고, 마침내 십자가에서 모든 죄인들을 위해 구약의 율법의 정죄를 담당하시고 인류의 구속의 일, 즉 재창조의 일을 완성하셨다. 그리고 안식 후 첫날에 부활하셨다. 인류의 시간표를 다시 조정하신 것이다. 신약의 성도들은 안식 후 첫날을 'The

Lord's Day'로 부르면서 이날에 모여 예수 그리스도의 십자가와 부활의 은혜를 노래하고 찬양하며, 하나님을 예배하고 기뻐했다. 이것이야말로 하나님이 아담을 창조하실 때의 안식을 온전히 회복한 모습 아닌가?

~

신약의 주일은 구약의 안식일의 완성이지만 여전히 안식하는 날이라고 할 수 있다. 그런데 안식은 휴식이 아님을 명심해야 한다. 휴식은 주 중에 누려야 한다. 주일은 하나님이 나를 지으시고 나를 구원하신 것을 기억하고 감사하고 기뻐하는 날이 되어야 한다. 이것이 진정한 쉼이다. 주일은 수고하고 무거운 짐 진 자들이 주님께로 나아가 참된 안식과 기쁨을 회복하는 가장 행복한 날이다. 우리의 영혼이 쉼을 누리는 날이다.

그런데 우리가 주일을 가장 행복한 날로 맞이하기 위해서는 6일을 잘 살아야 한다. 일을 열심히 할 뿐 아니라 육체적인 쉼, 곧 휴식도 가져야 한다. 육신이 피곤한 상태에서는 주일에 안식하며 하나님과 함께 참행복을 누리기가 어렵다.

가만히 생각해 보라. 그대의 주 중의 삶은 어떠한가? 당신의 일을 통해 하나님의 문화 명령을 수행하며 살고 있는가? 일을 통해 하나님이 명령하신, 생육하고 번성하고 땅에 충만한 일을 수행하고 있는가? 아니면 주 중은 그저 돈 버는 날인가? 무엇을 위해 그렇게 휴식도 없이 미친 듯이 살고 있는가? 당신의 주일의 쉼의 모습은 어떠한가?

　나는 오늘날의 많은 그리스도인들이 주일의 안식의 소중함과 의미를 잘 모른 채 쉼 없이 살아가고 있는 모습을 볼 때면 안타까움과 아픔이 동시에 밀려온다. 하나님의 창조 원리를 재발견하여 일보다 중요한 것이 쉼이요, 안식이라는 것을 다시 한번 생각해 보기를 부탁하고 싶다. 물론 "내가 원하지 않는 직장 구조 때문에 불가능하다!"고 외칠지도 모르겠다. 그럼에도 불구하고 안식은 주님의 명령임을 기억할 필요가 있다. 인간은 일하러 태어난 존재가 아니라, 하나님 안에서 안식하기 위해 태어난 존재다. 안식의 의미를 놓치고 분주하게만 살아가는 그리스도인들의 모습을 보면 가슴이 아프다.

　때로는 오늘날의 그리스도인들에게 주일은 그저 1시간 동안 예배드리러 가는 날이 되고 만 느낌이 들 때도 있다. 예배가 이벤트가 되어 버린 것 같을 때가 있다. 이런 예배가 예수님 당시의 서기관과 바리새인들이 드리던 형식적인 제사와 무엇이 다를까?

　초대 교회의 주일의 모습과 주 중의 모습이 사도행전을 통해 눈에 그려진다. 그들은 휴식 중심의 삶이 아니라 안식 중심의 삶을 살았다. 예수를 위해서라면 휴식보다 안식을 선택했다. 초대교회 성도들의 대부분은 노예로서 피곤한 노동의 일을 감당했지만, 그들은 참으로 행복했다. 안식의 축복을 누리고 있었기 때문이다.

우리는 하나님 앞에서 멈출 줄 알아야 한다. 하나님은 우리에게 이렇게 말씀하시지 않는가?

너희는 가만히 있어 내가 하나님 됨을 알지어다(시 46:10).

주님의 영광을 보려면 멈춰 서 있어야 한다. 모세처럼 하나님의 영광을 보려면 하나님의 산에 올라가야 하고 회막에 머물러야한다. 멈춰 서서 하나님의 얼굴을 바라봐야 한다. 우리는 밤이 되면 멈춰서 휴식하고, 주일이 되면 멈춰서 안식해야 한다. 나 스스로 멈추지 않으면 멈출 수밖에 없는 순간이 온다. 준비된 멈춤은 안전하게 멈추지만, 그렇지 않은 멈춤은 급정지다. 급정지는 사고의 위험성이 높다.

쉼은 모두 하나님의 선물이다. 휴식과 안식은 모두 하나님의 축복이다. 쉬지 않고 나는 새가 어디 있는가? 쉼표 없는 노래가 어디 있는가? 마찬가지로 쉼표 없는 인생은 아름다운 노래가 될 수 없다. 특별히 안식의 쉼은 창조의 완성이요, 목적임을 잊지 마라. 휴식이 주는 행복은 일시적이지만, 안식이 주는 행복은 영원하다. 내가 왜 살고 존재하는지를 알지 못한 채 살다가 죽는 것은 참으로 헛되고 헛된 일임을 잊지 마라.

예수님은 잃어버린 안식의 축복을 우리에게 되찾아 주기 위해

이 땅에 오셨다. 예수님은 안식일의 주인으로 이 땅에 오셔서 안식을 완성하셨다. 예수님 안에서 우리는 하나님과 영원토록 교제할 수 있다. 영원한 안식을 다시 누릴 수 있다.

예수님은 쉼 없이 고달픈 인생을 살고 있는 그대를 오늘도 그분의 참된 안식으로 초대하신다.

수고하고 무거운 짐 진 자들아 다 내게로 오라 내가 너희를 쉬게 하리라(마 11:28).

행복 큐티　　히브리서 4장 1-13절

|||||||||||||||||||||||||||||||||||||||||||||||||||||||||||||||||||||||||||||||||||||||||||||

◑ 히브리서 기자가 말하는 안식에 들어가는 것과 복음서 기자들이 말하는 천국에 들어가는 것을 비교해서 생각해 보라.

◑ 히브리서 기자는 안식에 들어가는 것의 조건으로 무엇을 말하고 있는가?(2, 3, 6, 11절)

◑ 히브리서 기자는 안식의 때가 언제라고 말하는가? 하나님 나라의 현재성과 미래성(already but not-yet)의 특징과 비교해서 살펴보라.(7, 9, 11절)

◑ 진정한 안식을 누리는 성도의 삶은 어떤 모습이라고 생각하는가?(3, 7, 11-13절)

시간은 재테크할 수 없다

청춘은 다시 오지 않고 하루에 새벽은 한 번뿐이다.
젊을 때 힘쓸지니 세월은 사람을 기다려 주지 않는다.
도연명

《모모》(비룡소, 2009)라는 소설을 보면 이탈리아의 어느 한 도시에 모모라는 아이가 나온다. 모모는 고아였지만 특별한 능력이 있었는데, 바로 타인의 말을 경청하고 해결해 주는 능력이었다. 모모가 가만히 듣고만 있어도 사람들의 고민은 해결됐다.

그런데 어느 날 평화로운 마을에 '회색 사나이들'이 나타난다. 이들은 시간 은행이라는 것을 만들고 사람들에게 소중한 시간을 낭비하지 말라고 한다. 그들은 사람들에게서 시간을 빼앗고 그 시간을 이용해 목숨을 이어 가는 유령 같은 존재였다. 꽃을 가꾸고, 부모님을 모시고, 아픈 사람을 도와주고, 사랑을 나눠 주는 일 때문에 시간을 허비하지 말고 무조건 일만 해서 시간을 저금하라고 한다. 그래서 사람들은 점점 웃음을 잃고 무조건 일만 하기 시작했다. 물론 시간은 저금되지 않았다. 그 시간들은 그대로 사라져 버렸다. 정확히 말해서 그 시간으로 회색 사나이들이 목숨을 이어 가는 것이었다. 마을은 황폐해져 갔다. 더 빨리, 쉬지 않고 일만 하면서, 갈수록 불행해졌다.

그런데 모모가 그들의 정체를 알고 잃어버린 시간을 되찾기 위해 그들과 싸우게 된다. 결국 모모는 사람들의 잃어버린 시간을 되찾는다. 사람들은 다시 꽃을 가꾸기 시작했고, 부모님과 대화를 나누고, 어려운 사람들을 돕기 시작했다. 다시 시간을 가꾸는 마음의 부자가 된 것이다.

"시간은 돈이다"라는 벤저민 프랭클린의 금언처럼 우리는 모두 시간에 가난한 사람들이 된 지 오래다. 시간도 돈처럼 아낄 수 있다고 생각하게 됐다. 산업 혁명 이후 분명 물질적으로는 전보다 더 풍요로워졌다. 하지만 더 자유로워지거나 행복해지지는 않았다. 회색 사나이들이 온 이후로 마을 사람들이 그랬던 것처럼 말이다.

모모는 시간의 노예가 된 현대인들의 불행한 삶을 고발하고, 그것에서 벗어날 수 있는 또 하나의 시간을 보여 준다. 바로 호라박사와 모모가 가진 '심리적 시간'이다. 이 시간은 시계로 잴 수 있는 시간이 아니다. 오직 마음으로 잴 수 있는 시간이다. 호라

박사는 이렇게 말한다.

"빛을 보기 위해 눈이 있고, 소리를 듣기 위해 귀가 있듯이, 너희는 시간을 느끼기 위해 가슴을 갖고 있단다. 가슴으로 느끼지 않는 시간은 모두 없어져 버리지. 장님에게는 무지개의 고운 빛깔이 보이지 않고, 귀머거리에게는 아름다운 새의 노랫소리가 들리지 않는 것처럼 말이야."

~

마음의 시간은 신약 성경에서 말하는 카이로스의 시간을 뜻한다. 헬라어로 시간은 '크로노스'(chronos)와 '카이로스'(kairos)로 표현한다. 크로노스는 단순히 흘러가는 물리적인 시간을 말하고, 카이로스는 때가 꽉 찬 시간으로 구체적인 사건의 순간, 감정을 느끼는 순간, 구원의 기쁨을 누리는 의미 있는 순간을 말한다. 자신의 존재 의미를 마음으로 느끼는 결정적인 순간이 카이로스다.

성경에 "세월을 아끼라"(엡 5:16)는 말씀이 있다. 여기서 '세월'의 원어가 바로 '카이로스'다. 원어대로 직역하면 "시간을 구속하라", "잃어버린 카이로스의 시간을 회복하라"는 말이다. 여기서 하나님의 구속은 단지 공간만이 아니라 시간도 포함한다. 아담의 죄로 인해 에덴이라는 공간만을 잃어버린 것이 아니라 영원한 시간마저 잃어버리고 만 것이다. 이 잃어버린 시간을 찾으러 오신 분이 바로 우리의 모모, 예수 그리스도다. 그분은 우리의 시간을 치료하고 회복시키기 위해 오셨다.

카이로스의 시간을 되찾으려면 시간의 자유를 누려야 한다. 시간의 자유를 누리는 길은 시간을 아끼고 저축하는 것이 아니라, 시간을 잘 활용하고 잘 쓰는 것이다. 모모는 시간의 노예에서 해방된 사람들의 모습을 이렇게 그렸다.

"이제 대도시에서는 오랫동안 볼 수 없었던 광경이 벌어졌다. 아이들이 길 한복판에 나와서 놀고, 아이들이 비키기를 기다리는 운전사들은 미소를 지으며 아이들을 바라봤다. 어디서나 사람들이 서서 다정하게 말을 주고받으며 서로의 안부를 자세히 물었다. 일하러 가는 사람도 창가에 놓인 꽃의 아름다움에 감탄하거나 새에게 모이를 줄 시간이 있었다. 의사들은 환자들 한 사람, 한 사람을 정성껏 돌볼 시간이 있었다. 노동자들도 일에 대한 애정을 갖고 편안히 일할 수 있었다."

시간을 잘 활용하는 사람은 크로노스의 물리적인 시간 속에서 카이로스의 시간을 회복할 수 있다. 그대는 크로노스의 노예로 살고 있는가, 아니면 카이로스의 자유를 되찾았는가?

~

지혜로운 사람은 시간을 소중히 여긴다. 시대가 점점 악해져

가기 때문에 시간을 잘 사용하지 않으면 악한 일에 시간을 뺏기게 될 것이다.

에베소서에서 세월을 아끼라는 말씀에 이어서 "술 취하지 말라 이는 방탕한 것이니 오직 성령으로 충만함을 받으라"(엡 5:18)는 말씀이 나온다. 세월을 아끼지 못하게 하는 주범 중 하나가 술이라고 되어 있다. 술은 향락적인 삶의 대표 선수다. 술을 가까이하는 사람은 술의 노예가 되고, 시간의 노예가 될 확률이 높다.

청년들 가운데 종종 이렇게 질문하는 친구들이 있다. "술 먹는게 왜 잘못이에요? 술도 음식이잖아요." 물론 술은 음식이다. 하지만 술이 지나치면 독이 된다는 것쯤은 비그리스도인들도 알고있는 상식이다. 더구나 오늘날 한국 사람들의 술 문화는 어떤가? 음식으로서의 술 문화가 아니라, 향락으로서의 술 문화다. 술은소위 2차, 3차로 가는 첫 관문이다. 술로 인생의 문제를 풀겠다는 것 자체가 얼마나 어리석은 발상인가? 심장이 아픈데 타이레놀을 먹는 것과 무엇이 다른가? 술 마시고 즐기고 방탕한 시간을 보내고 나면 잠시 기분이 풀릴지는 모르지만 문제는 여전히 풀리지 않는다. 몸만 망치는 어리석은 짓이다.

그리스도인은 삶의 모든 영역에서 복음이 주는 진정한 자유를 누려야 하는데, 술 문제로 회사 생활에서 자유함을 누리지 못한다면 얼마나 안타까운 일인가? 술을 거절할 정도의 용기도 없이 대체 무슨 용기로 세상과 맞설 것인지, 이 시대의 청춘들에게 도전하고 싶다.

바울은 술 대신 성령으로 채워져야 한다고 말한다. 우리는 성령 충만에 대해 무언가 뜨겁고, 예언을 하고, 환상을 봐야 하는 줄 안다. 하지만 이것은 잘못된 은사 운동 등으로 생긴 성령에 대한 오해다. 성령님은 자극적인 분도, 무서운 분도 아니시다. 당신을 살짝 맛이 간 사람으로 만드시는 분도 아니다. 성경은 성령님이 지혜와 계시의 영이라고 한다. 그분은 따스한 사랑의 영, 바로 하나님의 영이시다. 그분을 통해서만 우리는 하나님의 뜻을 알 수 있다.

> 오직 하나님이 성령으로 이것을 우리에게 보이셨으니 성령은 모든 것 곧 하나님의 깊은 것까지도 통달하시느니라 사람의 일을 사람의 속에 있는 영 외에 누가 알리요 이와 같이 하나님의 일도 하나님의 영 외에는 아무도 알지 못하느니라(고전 2:10-11).

세월을 아끼고 살아가려면 성령님을 날마다 의지하고 성령님으로 충만해야 한다. 그리고 삶의 영역을 단순화시켜서 시간 계획을 구체적으로 세우며 살아야 한다. 쓸데없는 일에 아까운 시간을 낭비하지 않도록 삶의 우선순위를 정하고 실천에 옮기지 않으면 삶은 1%도 바뀌지 않는다.

진정으로 행복하고 의미 있는 삶이 되고 싶다면, 지금 당장 펜과 노트를 꺼내 들고 시간의 가계부를 써 보는 것을 권하고 싶다. 내 경우에 시간 가계부를 써 보니 대략 22개의 영역이 일주일 단위로 반복되고 있다는 사실을 발견할 수 있었다. 나는 그 영역 속에서 우선순위를 정하여 시간을 할당하고, 매주 시간 가계부를 작성하여 실천하고 있다. 그리하여 영혼도, 가족 관계도, 사역도 훨씬 좋아지는 것을 몸소 경험하고 있다.

시간은 예나 지금이나 동일하게 사람들에게 24시간 주어진다. 현대인들에게 시간이 빨리 가는 이유는 삶이 과거에 비해 복잡하고 다양해져서다. 시간에 구속당하지 않고 시간을 구속하려면 삶을 단순화시키는 수밖에 없다. 반드시 삶의 우선순위를 정하고, 하지 않아도 되는 일은 정리해야 한다.

인생은 짧다. 청춘은 더욱 짧다. C. S. 루이스는《나니아 연대기》에서 "바다의 파도 끝에 물이 잠깐 멈추는 순간이 우리의 인생이다"라고까지 말했다. 짧은 시간 속에서 진정한 문제는 시간이 빨리 지나간다는 것이 아니라 시간의 소중함을 미처 깨닫지 못한 채 시간을 낭비하며 흘려보내고 있는 것이다. 하나님의 사람 모세는 이렇게 기도했다.

> 우리의 모든 날이 주의 분노 중에 지나가며 우리의 평생이 순식간에 다하였나이다 우리의 연수가 칠십이요 강건하면 팔십이라도 그 연수의 자랑은 수고와 슬픔뿐이요 신속히 가니 우리가 날아가나이다 … 우리에게 우리 날 계수함을 가르치사 지혜로운 마음을 얻게 하소서(시 90:9-10, 12).

시간을 가꾸는 마음 부자가 되라.

자신의 한계와 시간의 한계를 아는 지혜로운 삶이 우리의 삶에 행복을 불러온다. 그대 앞에 주어진 '지금'이라는 가장 소중한 시간 속에서 최선을 다해 살 것을 부탁하고 싶다. 시간은 돈이 아니다. 시간은 재테크할 수 없다. 한 번뿐인 인생을 가장 의미 있고 보람차고 생산적으로 살아서 마침내 주인으로부터 지혜로운 시간의 청지기, 인생의 청지기로 평가받을 수 있기를 바란다. 당신의 시간을 시간의 창조자 되신 주님을 위해 마음껏 사용하라. 당신의 인생을 인생의 창조자 되신 주님을 위해 마음껏 드리라. 결코 후회 없는 행복한 삶을 살 수 있을 것이다.

행복 큐티　　전도서 3장 1-22절

||||||||||||||||||||||||||||||||||||||||||||||||||||||||||||||||||||||||||||||||||||||

◐ 전도자는 시간의 창조자요, 주인을 누구라고 이야기하는가?(11절)

◐ 하나님이 시간을 창조하신 이유가 무엇이라고 생각하는가?(11, 14절)

◐ 전도자는 의인과 악인의 차이를 무엇으로 여기고 있는가?(16-22절)

◐ 전도자는 인생을 헛되이 보내지 않으려면 어떻게 해야 한다고 말하고 있는가?(22절)

◐ 그대만의 시간 가계부를 작성해 보라. 우선 허비하고 있다고 생각하는 시간을 적어 보라.(인터넷 서핑, SNS, 잠, 불필요한 만남의 약속 등) 그리고 나서 그대가 꼭 하고 싶은 것들을 적어 보라.(단, 내가 하고 싶은 것들이 나의 미래를 위한 준비와 투자가 되는 것들인지 곰곰이 생각해 보고, 그렇지 않다면 과감히 지우라.) 자, 이제 어디에 얼마만큼의 시간을 투자할 것인지를 생각하면서 그대만의 일주일 단위의 정기적인 시간 가계부를 작성하라. 무리한 계획이 아니라 현실성 있는 계획이 되도록 하라.

||||||||||||||||||||||||||||||||||||||||||||||||||||||||||||||||||||||||||||||||||||||

물음표 인생 vs 느낌표 인생

하나님이 마침표를 찍으신 것을
당신이 물음표로 바꾸지 마라.
바흐

　요즘 도시인들은 지쳐 있다. 특히 젊은 직장인들이 많이 지쳐
있는 것 같다. 대학을 갓 졸업한 20대들은 삶이 이렇게 고단한 것
인 줄 미처 몰랐다고 입을 모은다. 직장이 바쁘게 돌아가고 늦게
까지 일하면서 자신만의 시간이 없어지는 것에 대한 상실감을 견
디지 못한다. 자신이 일하는 기계와 무슨 차이가 있는지에 대한
회의를 가지기도 하고, 지금 하는 일이 자신의 소명인지에 대해
서도 끊임없이 질문한다.
　사회의 구조적인 문제와도 연결되어 있는 직업의 문제는 예전

보다 확실히 복잡해졌다. 평생직장이나 전문직을 통해 평생 보장을 받았던 예전 시대와는 확실히 달라져 버렸다. 치열한 경쟁과 복잡한 경제 구조는 사람들을 점점 지치게 하고 있다. 그래서 사람들은 스트레스 해소를 위해 다른 출구를 찾는다. 술이나 클럽, 도박, 여행, 취미 활동, 운동, 종교 등에서 자신의 마음을 달래려고 한다. 스트레스를 건전하게 푸는 법을 배우는 것이 현대인들에게는 선택 사항이 아니라 필수 사항이 되었다.

나는 목회를 하면서 우울증이나 공황 장애를 호소하는 젊은이들을 종종 만났다. 기도해도 안 되고 노력해도 안 된다고 말하는 친구들을 만난 적이 있다. 목사로서 어떻게 해야 할지 잘 모를 때도 많다. 남몰래 가슴앓이하는 청년들을 보는 일은 참 마음 아픈 일이다. 딱히 도와줄 방법이 없기 때문이다. 그저 그들의 사연을 들어 주고 함께 기도해 주는 일 외에는 내가 할 수 있는 특별한 일이 없다.

나는 하나님이 인간의 영혼을 치유하는 치료약으로 인류에게 보편적으로 주신 선물이 세 가지 있다고 생각한다. 바로 자연, 눈물, 음악이다. 그런데 도시 문명의 발달로 안타깝게도 이것들을 점점 잃어 가고 있다. 높은 빌딩 숲에서 탁한 공기를 마시며 자연과 함께 숨 쉴 시간과 공간을 점점 잃어 가고 있다. 문명을 세우면서 문화를 잃어버린 셈이다. 노을을 보며 황홀함에 빠져들고, 초록 나무들 사이를 걸으며 시간의 멈춤을 경험하는 일이 도시에서는 얼마나 어려운가? 과도한 경쟁은 또 어떠한가?

누군가의 이야기를 들어 주며 눈물로 공감하기엔 나의 삶이 너무나 분주하고 정신이 없다. 누군가를 위해 울어 줄 시간이 없다. 아니, 자기 자신을 위해서도 울어 줄 시간이 없다. 그저 앞만 보고 달리느라 여유롭게 웃을 시간도, 소리 내어 울 시간도 없다. 그리스도인들도 예외는 아니다. 자연 속에서의 묵상, 기도 속에서의 눈물, 혼자서 흥얼거리던 노래를 잃어 가고 있다.

~

그대의 삶에 노래가 있는가? 젊음이 있는 곳에는 언제나 노래가 있다. 노래가 있는 삶과 노래가 멈춘 삶의 극명한 대조는 출애굽기에 잘 나타나 있다. 애굽에서 400여 년 동안 고통의 세월을 보내며 종살이하던 이스라엘 민족은 하나님의 신실하신 약속의 성취로 출애굽의 은혜를 덧입게 된다. 하나님은 모세를 통해 그분의 백성들을 애굽에서 이끌어 내어 구원하셨다. 하지만 그들은 출애굽한 지 얼마 지나지 않아 홍해를 만나게 된다. 진퇴양난의 현장에서 하나님은 모세의 지팡이를 통해 홍해를 가르시고, 이스라엘 백성이 홍해를 마른땅처럼 건너가게 하셨다. 그 엄청난 광경을 바라보면서 이스라엘 백성은 감격했고, 흥분했다.

홍해를 건넌 후 그들은 여호와를 찬송했다. 모세의 누나 미리암은 소고를 치며 춤추면서 하나님을 노래했다. 온 백성이 미리

암의 선창에 따라 합창을 했다. 약 200만 명의 사람들이 함께 합창한다면 어떤 모습일까? 구원의 감격에 휩싸인 그들의 노래는 아마도 베토벤의 9번 교향곡 〈합창〉보다 웅장했으리라.

그러나 그 이후로 이스라엘 백성의 입술에서는 노래가 흘러나오지 않았다. 대신 불평이 쏟아져 나오기 시작했다. 홍해를 건넌지 3일 만에 이스라엘 백성은 마라에 도착했는데, 그곳의 물이 써서 마실 수 없게 되자 그들은 모세를 원망하기 시작했다. 그렇게 모세에 대한 원망이 싹트더니, 출애굽한 지 한 달 정도 되었을 때 양식이 떨어지기 시작하자 그들은 모세는 물론 아론도 함께 원망했다.

바로 이것이 현실을 살아가는 우리의 부끄러운 모습이 아닌가? 우리가 누구인가? 예수님을 구주로 영접하고 죄 사함을 받은 사람들이다. 죄의 종노릇에서 해방되어 천국 시민이 된 하나님의 백성이다. 우리는 이스라엘 백성처럼 가나안에 대한 기대와 소망을 가지고 출애굽했다. 그런데 막상 눈앞에 닥친 현실은 젖과 꿀이 흐르는 가나안이 아니라 거칠고 힘든 광야다. 광야를 걸으면서 우리는 처음 홍해가 갈라졌을 때 불렀던 감격의 노래를 잃어버렸다. 대신 하나님과 사람에 대한 원망의 목소리를 높이게 되었다. 습관적인 원망의 삶은 우리에게서 노래를 빼앗아 버렸다. 우리에게는 더 이상 부를 노래가 없다.

~

하나님이 하신 일에
감탄과 찬송으로 반응하는 인생이 행복하다.

부를 노래가 없는 인생이야말로 불행한 인생이다. 우리는 원망을 멈추고, 멈춰 버린 노래를 되찾아야 한다. 광야에서 물이 없을 때 물을 구하게 되고, 양식이 없을 때 만나를 먹고, 고기가 없을 때 메추라기를 먹은 환경의 변화가 이스라엘 백성을 변화시키지는 못했다. 사람들은 환경이 개선되면 노래가 회복될 수 있다고 생각하지만 그렇지 않다. 환경을 바꾸어 주면 금방 더 나은 환경을 요구하고, 예전보다 더 나은 환경을 제공받지 못하면 원망한다.

인생의 변화는 환경의 개선에 달려 있지 않다. 우리를 향한 하나님의 뜻은 삶의 환경을 개선하는 것이 아니라, 우리 마음의 환경을 개선하는 것이다. 하나님은 우리의 입술에서 노래가 흘러나오기를 원하신다. 우리는 하나님을 찬송하기 위해 지음 받은 존재이기 때문이다.

> 이 백성은 내가 나를 위하여 지었나니 나를 찬송하게 하려 함이니라(사 43:21).

지난날 유월절 어린양의 피, 곧 예수 십자가의 피로 구원받아 출애굽하게 된 그들이 하나님께 부를 노래가 없단 말인가? 성부 하나님의 구속의 은혜와 매일 구름기둥과 불기둥으로 인도하시고 보호하시는 성령 하나님의 교통하심과 매일 신령한 만나를 공급해 주시는, 말씀이신 예수 그리스도와의 연합의 축복을 받은 신약의 하나님의 백성들이 정말 하나님께 부를 노래가 없다는 말인가?

광야 같은 세상에서 우리는 때로 우울감에 시달린다. 하지만 이것은 구원받은 그리스도인이 취할 바람직한 태도가 아니다. 그리스도인은 자신의 신세를 한탄하고 하나님을 원망하며 애굽을 그리워할 사람들이 아니라, 구원의 새 노래를 부르며 가나안의 소망을 품고 전진해야 할 사람들이다. 그럼에도 불구하고 아직도 많은 그리스도인들, 특히 젊은 그리스도인들이 밤마다 신세를 한탄하며 술에 취해 휘청거리고 있다. 자신들도 모르게 은혜를 잃어버린 광야의 백성들의 모습을 재현하고 있는 것이다. 이 얼마나 안타까운 일인가! 홍해가 갈라지는 하나님의 구원의 기적을 체험한 하나님의 백성이 광야의 매서운 바람에 좌절하고 무너져서야 되겠는가!

~

초대교회 성도들의 모습을 살펴보라. 그들 중 다수는 로마의 노예로 힘겨운 삶을 살아갔지만, 구원의 감격에 날마다 성전에 모여 하나님을 찬송했다. 그들은 노래를 멈추지 않았다.

날마다 마음을 같이하여 성전에 모이기를 힘쓰고 집에서 떡을 떼며 기쁨과 순전한 마음으로 음식을 먹고 하나님을 찬미하며 또 온 백성에게 칭송을 받으니 주께서 구원받는 사람을 날마다 더하게 하시니라(행 2:46-47).

초대교회 성도들의 소망은 육신의 만족과 편안함을 주는 물과 고기 그리고 가나안 땅이 아니었다. 오직 하나님 한 분이었다. 어떻게 그럴 수 있었는가? 그들은 성령으로 충만했기 때문이다. 오순절 성령 강림 사건으로 초대 교회에 성령이 부어진 후 그들은 말씀과 기도를 통해 계속해서 성령으로 충만해 있었다. 구원 이후 계속해서 부르는 새 노래는 육신의 힘으로는 부를 수 없는 노래다. 새 노래는 오직 성령의 충만함을 입어야만 부를 수 있는 노래이기 때문이다.

바울도 에베소 성도들에게 이렇게 권면하고 있다.

술 취하지 말라 이는 방탕한 것이니 오직 성령으로 충만함을 받으라 시와 찬송과 신령한 노래들로 서로 화답하며 너희의 마음으로 주께 노래하며 찬송하며 범사에 우리 주 예수 그리스도의 이름으로 항상 아버지 하나님께 감사하며(엡 5:18-20).

~

안타깝게도 찬양은 중세에 이르러 점점 음악적이고 기술적인 방향으로 흐르면서 그 힘을 서서히 잃어 갔다. 살아 있는 예배가 아닌, 제도적이고 형식적인 예배는 종교개혁자들에게 개혁의 대상이었다. 특히 루터의 개혁은 찬양 중심적이었다. 새뮤얼 테일러 콜리지(Samuel Taylor Coleridge)는 루터에 대해 이렇게 말했다.

"루터는 성경 번역만큼이나 찬송가 작곡에도 공헌했다. 독일에서는 모든 농부가 찬송가를 암송하고 있다. 그들은 찬송가를 근거로 조언하며 논쟁하고, 교회의 모든 영혼은 하나님을 찬양한다."

"종교 개혁은 오직 말씀으로!"라는 구호와 함께 힘찬 찬송이 울려 퍼짐으로써 성령의 부흥의 불길이 점점 번져 간 것이다.

찬양 중심적인 종교 개혁은 바흐와 같은 위대한 그리스도인 음악가를 탄생시켰다. 바흐는 아홉 살에 어머니를 잃고, 열 살에 아버지를 잃었다. 그 후 그는 음악가였던 형의 집에서 지내다가 열다섯 살 때 북독일로 갔다. 그리고 그곳에서 한 고등학교의 급비 학생이 되어 종교 음악에 친숙해졌다. 그가 형 집에 있을 때 열람이 금지되어 있는 악보를 보기 위해 매일 한밤중에 일어나 달빛을 통해 악보를 베낀 일화는 유명하다.

그는 역사상 가장 위대한 작곡가 중 한 명이요, 뛰어난 오르간 연주자였다. 또한 독실한 루터교 신자였던 그는 아주 겸손하고 온화한 성품을 가지고 있었다. 그는 〈우리 하나님은 견고한 성이로다〉를 비롯하여 100여 곡의 교회 음악을 작곡했다. 그래서 이때를 흔히 '교회 음악의 시대'라고 부른다. 바흐는 종교 개혁이 낳은 음악계의 최고봉이다. 그의 음악은 종교 개혁 당시의 문화와 기독교 정신의 산물이었다. 그는 "음악의 유일한 목적은 하나님의 영광을 위하여 인간의 영혼을 일깨우는 것이어야 한다"고 말했다.

바흐는 모든 악보의 서두에 J.J.(Jesu Juva; Help me, Jesus)를, 마지막에는 S.D.G.(Soli Deo Gloria; To God alone, be the glory)를 기재하는 습관이 있었다. 이는 "예수의 도움으로 작곡을 시작할 수 있었다"는 의미와 "이 작품의 모든 영광은 하나님께 돌리겠다"는 의미가 함축된 종교적 메시지라고 할 수 있다. 때로는 마지막에 "당신의 보좌 앞에 내가 섰나이다"라고 썼다. 바흐는 의도적으로 그의 음악을 성경 말씀과 관련지었으며, 자신의 신앙과 예술을 조화시키려고 했다. 그의 아들은 바흐의 모든 일상생활이 기독교와 함께했으며 영적이지 않은 것은 아무것도 없었다고 말했다.

바흐는 이렇게 말한다.

"하나님이 마침표를 찍으신 것을 당신이 물음표로 바꾸지 마라."

하나님의 마침표에 대해 물음표가 아닌 느낌표로 답하는 인생이 행복한 인생이다. 하나님이 하신 일에 감탄과 찬송으로 반응하는 인생이 행복하다.

~

수많은 시편을 쓴 다윗은 자신의 영혼에게 찬송을 명령하고, 심령으로 노래하기를 기뻐했다.

내 영혼아 여호와를 송축하라 내 속에 있는 것들아 다 그의 거룩한 이름을 송축하라 내 영혼아 여호와를 송축하며 그의 모든 은택을 잊지 말지어다(시 103:1-2).

하나님이여 내 마음을 정하였사오니 내가 노래하며 나의 마음을 다하여 찬양하리로다 비파야, 수금아, 깰지어다 내가 새벽을 깨우리로다(시 108:1-2).

자신의 영혼을 깨우고, 비파와 수금을 깨우고, 새벽을 깨워 온 마음으로 하나님을 찬송했던 다윗은 행복한 사람이었다. 그의 입에서는 부를 노래가 끊이지 않았기 때문이다. 입에서 찬송이 끊이지 않는 인생이 행복한 인생이다. 광야나 동굴이나 감옥이나 어디서든 찬양하라. 앞이 안 보여도, 몸이 아파도, 기분이 좋지 않아도 찬송하라. 하나님은 찬양받기에 합당하신 분이고, 찬양을 그 어떤 것보다 기뻐 받으신다.

내가 노래로 하나님의 이름을 찬송하며 감사함으로 하나님을 위대하시다 하리니 이것이 소 곧 뿔과 굽이 있는 황소를 드림보다 여호와를 더욱 기쁘시게 함이 될 것이라(시 69:30-31).

그대의 심장 고동 소리처럼 멈출 수 없는 찬양의 열정을 회복하라.

내 영혼아 네가 어찌하여 낙심하며 어찌하여 내 속에서 불안해하는가 너는 하나님께 소망을 두라 그가 나타나 도우심으로 말미암아 내가 여전히 찬송하리로다(시 42:5).

　마음이 우울하고 낙심된다면 하나님께 소망을 두며 여전히 찬송하라. 하나님이 나타나 도우심을 경험하게 될 것이다. 하나님은 그대를 사랑하신다. 기뻐하라! 노래하라! 할렐루야!

행복 큐티   시편 42편 1-11절

||||||||||||||||||||||||||||||||||||||||||||||||||||||||||||||||||||||||||||||||||||||||||||||||||

◑ 그대에게 하나님을 향한 영혼의 갈급함이 있는가? 만약 갈급함이 없다면 그 이유는 무엇이라고 생각하는가?

◑ 시인은 무엇 때문에 낙심되고 불안한 마음을 느끼게 되었는가?(3-4, 10절)

◑ 시인은 낙심과 불안한 마음을 무엇으로 이겨 내고 있는가?

◑ 음악은 삶에 큰 영향을 주는 문화적 요소다. 마음이 우울하고 낙심될 때 그대는 어떤 음악을 듣는가? 하나님을 생각나게 하는 노래를 들으라. 하나님은 좋은 노래를 통해 그대를 치유하실 것이다.

||||||||||||||||||||||||||||||||||||||||||||||||||||||||||||||||||||||||||||||||||||||||||||||||||

지금 울어야 나중에 단을 거둔다

참된 기도는 하나님을 붙잡는 것이며,
그분을 떠나보내지 않는 것이다.
마틴 로이드 존스

마틴 로이드 존스는 《영적 침체》(복있는사람, 2014)에서 영적 침체의 원인을 두 가지로 요약한다. '미래에 대한 불안'과 '눈에 보이는 세상의 높은 파도'가 그것이다. 그대도 이것들 때문에 기도할 엄두조차 나지 않는가? 그렇다면 이때야말로 절박하게 기도할 때다.

월터 카이저(Walter C. Kaiser, Jr) 박사는 "불꽃이 꺼진 기도의 향은 하나님께 올라갈 수 없다"고 말했다. 우리는 꺼져 가는 기도의 불꽃을 다시 살려야 한다. 하나님은 우리의 기도에 반드시 응답하신다. 하나님의 선하고 온전하고 기쁜 뜻이 그대의 기도를 통해 그대의 삶 속에 이뤄질 것이다. 위기를 타파하고 고난을 통과하고 유혹을 이기고, 마침내 승리하고야 말 것이다.

사랑하는 그대를 위해 십자가에서 모든 것을 해결하고 승리하신 주님만을 바라봐야 한다. 기도는 구원의 반석 되신 주님을 바라보는 것이다. 십자가에서 모든 것은 다시 시작된다. 주의 얼굴을 바라보는 기도의 시간은 우리의 영혼을 하늘의 에너지로 가득 채우는 시간이다.

하나님은 힘들고 어려울 때마다 언제든지 그분에게 SOS를 치라고 우리에게 말씀하신다.

> 환난 날에 나를 부르라 내가 너를 건지리니 네가 나를 영화롭게 하리로다(시 50:15).

하나님은 기도를 통해 하나님의 구원을 경험하게 하심으로 그대가 하나님을 영화롭게 하는 것이 삶의 목적임을 깨우쳐 주신다. 급박한 상황에서 우리가 할 수 있는 최초의, 최고의, 최선의 일은 엎드림이다. 우리가 엎드리면 주님이 우리의 꿈을 상승시키신다. 우리가 희망의 날갯짓으로 날아오르게 하신다.

현대의 그리스도인들은 열심히 살지만 기도하지 않기에 표류하고 방향을 자주 잃고 만다. 바빠서 기도하지 못하지만 실제로는 기도하지 않아서 바쁘게 사는 것이다. 기도의 우선권(priority)을 놓치니 자신의 기호(preference)대로 살아간다. 오늘날 그리스도인들의 삶을 가만히 들여다보면, 음식과 취미와 운동과 TV와 인터넷 서핑과 채팅과 페이스북 등에 투자하는 시간에 비하면 기도하는 시간은 턱없이 부족하다. 휴가를 내고 놀러 가려고 하면 몇 개월 전부터 설레면서 기다린다. 그러나 요즘 휴가를 내어 기도하는 사람들은 아주 드물다. 다른 종교인들보다 기도 생활이 훨씬 부족한 그리스도인들을 만나기란 그리 어려운 일이 아니다.

사람들은 너무 바빠서 오히려 나태하게 살아간다. 너무 바빠서 기도할 시간이 없다는 것은 핑계에 불과하다. 기도하지 않기 때문에 우선순위에서 어긋난 삶을 살게 되는 것이다. 결국 삶의 분주함이라는 악순환 속에서 쳇바퀴 돌듯 굴러간다. 기도라는 우선권이 내 기분이라는 기호에 밀려나기 시작할 때 영적인 침체가 오게 되고, 삶은 피폐해지기 시작한다.

~

줄을 서거나 지하철을 타고 이동하는 등의 자투리 시간에만 기도해도 하루에 한 시간 이상 기도하는 것은 결코 어려운 일이 아니다. 인터넷 서핑은 두세 시간씩 하면서 기도에 시간을 투자하는 것에 인색한 사람은 불쌍하기 그지없다. 현실에 쫓기는 사람과 미래에 투자하는 사람의 결과는 20년 뒤에 분명히 드러나게 된다. 현재가 미래를 결정짓기 때문이다. 청년의 때에 눈물로 기도의 씨앗을 뿌리지 않은 자는 인생의 전성기인 중년에 기쁨으로 단을 거둘 수 없다는 사실을 늘 생각하고 산다면, 나태한 삶을 당장 집어던지게 될 것이다. 적어도 하루에 한 시간씩 기도에 투자해 보라. 주식에 투자한 것과는 비교할 수 없는 일이 될 것이다.

김난도 교수는 《아프니까 청춘이다》(쌤앤파커스, 2010)에서 기적은 천천히 이뤄지는 것이라고 표현했는데, 기도의 기적이야말로 천천히 이뤄질 때가 많다. 지금 당장 눈앞에 효과가 드러나지 않아도 기도는 언젠가 반드시 열매로 나타난다.

~

마틴 로이드 존스는 "참된 기도는 하나님을 붙잡는 것이며 그분을 떠나보내지 않는 것이다"라고 말했다. 이 말은 얍복 강가에서 야곱이 한 기도를 연상시킨다. 우리는 모든 것이 하나님께 달린 것을 알고 전심으로 기도해야 한다. 기도는 길이 없는 곳에 길을 만드는 기적의 재료다. "모든 것이 하나님께 달린 것처럼 기도하고, 모든 것이 내게 달린 것처럼 행동하라"는 말이 있다. 나의 100%를 다했을 때 하나님도 자신의 100%로 응답하신다. 기도는 노동이다. 간절한 기도는 땀과 침과 눈물의 액체를 내 몸에서 다 쏟아 내게 한다. 무엇보다 우리 영혼의 독을 다 빼내어 준다. 우리를 정결하게 만들어 준다. 눈물이 우리 마음의 때를 다 씻어 준다.

지금 눈앞에 드러나지 않아도

기도는

반드시

열매로

나타난다

•

그대의 하나님은 얼마나 전지전능하신가? 상식적인 하나님을 믿으면 상식적인 일만 일어난다. 평범한 삶 가운데 기적은 없다. 믿음의 기도를 할 때 우리의 삶과 영적 스케일이 커진다. 그래서 기도는 내 삶에 신적인 에너지를 불러와 승리하게 하는, 성도의 가장 강력한 무기가 된다.

태양을 멈추게 해 달라고 기도한 여호수아의 기도야말로 '기도의 기적'의 좋은 예다. 여호수아는 전쟁의 치열한 상황 속에서 승리할 수 있다는 확신을 가진 믿음의 사람이었다. 그는 이스라엘이 출애굽한 이후 첫 전투인 아말렉 족속과의 전투에서 이스라엘이 대승을 거둔 이유가 모세의 들린 팔 때문이라는 것을 알았다. 자신의 칼 솜씨보다 중요한 것이 기도의 힘이요, 하나님의 은혜라는 사실을 깨달았다. 전쟁이 하나님께 속한 것임을 알았고, 아말렉과의 전투를 통해 여호와의 이름을 새롭게 알았다.

"여호와 닛시"(여호와는 나의 깃발, 여호와는 나의 승리).

그는 모세의 삶을 곁에서 지켜보면서 기도 생활의 중요성을 실감했다. 모세가 회막에서 하나님과 대면하여 대화를 나누는 것을 회막 문에서 지켜보았고, 모세가 진으로 돌아갔을 때 그는 회막을 떠나지 않았다. 그는 하나님 안에 머물며 기도했다.

위대한 하나님의 사람들의 공통점은, 그들이 하나같이 기도의 사람이었다는 사실이다. 믿음의 영웅은 결코 하루아침에 만들어지지 않는다.

이기는 것도 습관이다. 이겨 본 사람이 또 이기게 되어 있다.

여호수아는 승리의 법칙을 알고 있었다. 위기 때 즉시 응답받는 사람들은 평소에 기도 생활을 꾸준히 한 사람들이다. 하나님은 공평하시기 때문에 차별하신다. 하나님은 분명히 자신을 가까이 하는 자에게 가까이 다가가신다. 성경은 이것을 거듭 강조하고 있다. 하나님과 친한 사람이 하나님의 은혜를 누릴 수 있다는 지극히 단순한 진리를 깨달아야 한다.

~

평소에 꾸준히 기도하는 것은 쉽지 않은 도전일 수 있다. 그래서 훈련이 필요하다. 예수님처럼 기도를 습관화하려면 기도 시간부터 정해야 한다. 나는 개인적으로 새벽 시간이 가장 좋은 것 같다. 아무 소리도 들리지 않고, 아무에게도 방해받지 않고 주님의 음성을 깊이 들을 수 있는 고요한 시간이다.

나는 우리 교회의 청년들이 어느 학교를 나와서 어느 직장에 다니고 연봉을 얼마 받는지를 묻지 않는다. 그런 것에는 관심이 별로 없다. 내가 특별히 좋아하는 청년들은 딱 두 부류다. 새벽 기도를 하는 사람과 나를 찾아 주는 사람이다. 하루의 첫 시간을 하나님께 드리며 겸손히 하나님의 얼굴을 구하는 사람들은 실제 생김새를 떠나서 그렇게 예뻐 보일 수가 없다. 하나님은 모든 사람을 사용하시고 모든 사람을 통해 역사를 운행하시지만, 기도하는 사람을 통해서만 위대한 일을 하신다. 하나님은 자기를 찾는 자들에게 상 주시는 분임을 믿어야 한다고 히브리서 기자는 말한다(히 11:6).

누가복음 18장에 강청하는 과부의 비유가 나온다. 누가는 이야기의 초반에 예수님이 왜 이 비유를 하셨는지를 이야기한다.

> 예수께서 그들에게 항상 기도하고 낙심하지 말아야 할 것을 비유로 말씀하여(눅 18:1).

하나님은 우리가 기도 생활에 지치지 않기를 원하신다. 기도가 응답되지 않는다고 낙심하지 말라고 말씀하신다. 그 이유를 비유로 말씀하셨는데, 이 비유의 핵심은 기도의 강도가 아니라 하나님의 자비의 강도에 있다. 예수님은 불의한 재판관과 의로운 재판관이신 하나님을 극명하게 대조시키신다. 불의한 재판관이 그렇게 끈질긴 과부의 간청을 들어준 것처럼 하나님도 끈질긴 기도에 승복하신다는 비교가 아니다. 오히려 극명한 대조를 보인다. 불의한 재판관은 과부의 소원을 들어주기 싫어하고 귀찮아하다가 결국 그 간청에 승복하고 말지만, 의로운 재판관이신 하나님은 언제나 연약한 자의 신음 소리에 귀 기울이고 들어주기를 원하신다. 이 대조를 예수님은 한 단어로 표현하셨다. "하물며"(눅 18:7). 마태복음 7장에도 비슷한 표현이 나온다.

> 너희가 악한 자라도 좋은 것으로 자식에게 줄 줄 알거든 '하물며' 하늘에 계신 너희 아버지께서 구하는 자에게 좋은 것으로 주시지

않겠느냐(마 7:11).

하늘에 계신 우리의 아버지는 '하물며'의 하나님이시다. 하나님은 선하고 의로운 재판관이시고, 자녀들에게 항상 좋은 것을 주기를 원하시는 자비의 하나님이시다. 이 변하지 않는 사실이 우리가 항상 기도하고 낙심하지 말아야 할 가장 중요한 이유다.

결국 하나님이 그대에게 그렇게 끈질긴 기도를 요구하시는 것은, 종교적 열심을 요구하는 율법주의 때문이 아니다. 하나님만이 그대의 필요를 채울 수 있는 유일한 분이심을 우리가 깨닫도록 하시기 위함이다. 세상 사람들처럼 기도하지 않아도 순순히 잘되면, 그대는 기도 없는 생활에 곧바로 익숙해져 버릴 것이다. 우리의 연약한 육신은 분명히 그렇게 되고 만다. 예수님이 "우리에게 일용할 양식을 주시옵고"라고 기도할 것을 가르치신 것도 이와 같은 맥락에서다. 큰 것만이 아니라 일상의 작은 것들도 모두 하늘로부터 내려온다는 사실을 기억하라는 메시지가 담긴 기도인 것이다.

끈질긴 기도 없이 금방 기도 응답이 주어질 때의 기쁨과, 오랫동안 소원하고 기다리고 기도하던 일이 이뤄질 때 느끼는 기쁨은 비교할 수 없을 정도로 차이가 크다. 그대가 간절히 기도하는 시간은 하나님이 그대에게 주실 선물을 준비하시는 시간이 아니라, 하나님이 이미 준비하신 선물을 그대가 받을 준비를 하는 시간이다. 명심하라. 기도는 최후의 방법이 아니라 최초의, 최고의, 그리고 최선의 방법이다.

〈나 같은 죄인 살리신〉의 작사자인 존 뉴턴(John Newton)의 찬송 가사를 음미하며 조용히 기도해 보자.

은혜의 보좌를 보라.
약속이 나를 가까이 부른다.
거기서 예수님은 미소 띤 얼굴을 보이시며
기도에 응답하려 기다리신다.

내 영혼아 원하는 것을 구하라.
담대하게
너를 위해 그분의 피가 쏟아졌나니
주님이 그 무엇을 아끼랴?

네가 가장 원하는 것보다 더 큰 복을
그의 사랑과 능력을 주실 수 있으니
기도하는 영혼에게 주님은 언제나
그들이 표현할 수 있는 것 이상을 주신다.

믿음으로 사는 법을 가르쳐 주소서.
나의 뜻을 주님의 뜻에 맞추는 법을
죽을 때 승리하게 하시고 그 후에는 영광 중에 빛나게 하소서.

행복 큐티   누가복음 18장 1-8절

||||||||||||||||||||||||||||||||||||||||||||||||||||||||||||||||||||||||||||||||||||||||||||

◑ 재판관은 어떤 사람이었다고 평가되고 있는가?(2절)

◑ 재판관이 과부의 요구를 들어준 이유는 무엇인가?(4-5절)

◑ 하나님은 어떤 분으로 소개되고 있는가?(7-8절)

◑ 하나님이 기도를 들어주시는 이유는 무엇인가?(7-8절)

◑ 기도 생활이 힘든 이유가 무엇인지 생각해 보라. 기도 생활의 회
복을 위한 결단을 적어 보라.

part three

내면의
그릇을 닦으면
행복하다

스펙보다 거룩이 능력이다

)

행복에 불가결한 요소는 깨끗한 본심이다.
에드워드 기번

구약 성경에 나오는 사사기 시대는 영적 암흑기였다. 하나님의 종 여호수아가 죽고 여호와를 알지 못하는 세대가 등장하면서 그들은 전통적인 여호와 신앙을 버렸다. 물질의 신 바알과 음란의 신 아세라를 더 좋아하고 섬기게 되었다. 그러면서 이스라엘은 종교적, 도덕적으로 타락의 급물살을 타게 되었다.

그 시대의 사사 중 한 사람이었던 삼손은 거룩이 하나님의 사람의 행복이요, 능력이라는 사실을 보여 준 좋은 예다. 삼손은 태어나기 전부터 나실인으로 구별되어 어릴 때부터 포도주와 독주를 마시지 않고 어떤 부정한 것도 먹지 않았으며, 머리 위에 삭도를 대지 않았다. 그는 성령의 능력을 덧입어 블레셋 사람들을 물리쳤다. 그는 나귀 턱뼈로 1,000명을 쓰러뜨리는 일당 천의 용사였다. 하지만 이후에 그는 들릴라의 유혹에 넘어가 머리카락을 일부 자르면서 능력을 잃어버렸다. 삼손의 몸에서 힘이 빠져나간 것은 그의 머리카락이 잘려 나가서가 아니다. 그가 죄에 빠져 거룩을 잃어버렸기 때문이다.

거룩은 하나님의 사람의 가장 근본적인 특징이다. 그래서 신약성경에는 그리스도인이라는 단어보다 성도라는 단어가 압도적으로 많이 쓰여 있다. 거룩은 하나님 나라의 백성의 지표다. 그것이 하나님의 구원의 목적이기 때문이다. 하나님이 이집트에서 종살이하던 이스라엘을 출애굽시키신 후 광야에서 모세에게 하셨던 말씀에 귀 기울여 보라.

> 세계가 다 내게 속하였나니 너희가 내 말을 잘 듣고 내 언약을 지키면 너희는 모든 민족 중에서 내 소유가 되겠고 너희가 내게 대하여 제사장 나라가 되며 거룩한 백성이 되리라 너는 이 말을 이스라엘 자손에게 전할지니라(출 19:5-6).

하나님이 택하여 구원하신 이스라엘 백성은 거룩한 백성이었다. 그들이 죄가 없어서 거룩한 백성인 것이 아니라, 죄악이 가득한 세상으로부터 구별되어 하나님 나라의 백성으로 신분이 변경

된 것이다. 하나님의 백성들도 이방인들처럼 여전히 죄인이지만, 하나님이 동물의 속죄의 피로 말미암아 그들을 용서하시고 거룩한 백성으로 인정해 주셨다.

그러나 하나님이 자신의 백성의 죄와 잘못을 용서해 주신다는 사실만 믿고 그것을 남용하여 죄를 짓는 것은 잘못된 행위다. 하나님은 "죄를 용서받고 의인으로 인정받아 거룩한 나의 백성으로 거듭난 사람이라면 이제 거룩한 삶을 추구해야 한다"고 명령하신다.

거룩이란 무엇인가? 구약 성경에서 거룩은 일차적으로 분리(separation)를 의미한다. 하나님과 죄인의 분리, 그리고 이스라엘과 이방인의 분리다. 하나님은 죄가 없으신 분인데 인간은 죄를 지었다. 그래서 거룩하신 하나님은 죄인과 분리될 수밖에 없었다. 하지만 하나님은 거룩하신 그분과 죄인이 다시 만날 수 있는 방법을 가르쳐 주셨다. 그것이 레위기에 나오는 제사법이다. 하나님의 은혜로 구원받은 이스라엘이 이방인과 분리되는 것이 거룩이다. 주변국들과 다른 이스라엘의 삶의 행동 양식이 레위기에 나오는 율법이다.

그러나 인간은 스스로 그 모든 율법을 지키고 거룩함에 이를 수 없는 죄인이기에, 하나님은 죄 없으신 예수님을 인간의 죄를 대속하실 구세주로 이 땅에 보내셨다. 그리고 예수님은 십자가에서 인간의 모든 죄를 대신 지고 죄의 삯인 사망의 대가를 지불하심으로써 거룩하신 하나님의 공의를 만족시키셨다. 예수의 십자가는 인류에게 죄로부터 자유로워지는 구원의 길을 연 새롭고 산 길이다.

나를 죄에서 구원하신 하나님의 은혜와 사랑을 깊이 이해할수록, 하나님에 대한 사랑이 커질수록, 내 안의 죄가 더 크게 느껴지고 내가 거룩하지 못하다는 것을 더욱 깨닫게 된다. 예수님은 우리의 모든 죄와 연약함, 율법의 요구, 육신의 정욕 등을 다 십자가에 못 박으심으로써 이미 우리를 거룩하게 하셨고 죄로부터 자유롭게 하셨다. 우리가 거룩해지는 유일한 길은 이 사실을 믿는 것이다. 결국 이 믿음이 성화의 시작이요, 과정이요, 결론이다.

반면 예수님 당시의 유대인들은 율법을 점점 습관처럼 여기고, 율법을 문자적으로 지키는 것으로 자기 의를 쌓아 가는 바람에 율법의 정신을 잃어버리고 말았다. 성화는 "오직 은혜"(Sola Gratia)라는 영적 법칙을 벗어날 수 없다. 율법이 아닌 은혜로 사는 사람만이 점점 거룩해질 수 있다.

~

하나님은 성령 안에서 깨끗한 그릇으로 준비된 사람을 쓰려고 찾으신다. 세상 사람들이 쓰려고 찾는 그릇은 금그릇, 은그릇이다. 하지만 하나님 나라는 그렇지 않다. 하나님 나라에서 금, 은, 나무, 질그릇의 차별이 없다. 사실 우리는 자신이 어떤 그릇인지 잘 모른다. 우리를 지으신 토기장이인 하나님이 가장 잘 아신다. 토기가 토기장이에게 "왜 나를 질그릇으로 만들었습니까?"라고 묻는 것도 비상식적인 일이다. 모든 권한은 토기장이에게 있고, 토기장이가 만든 대로 그 그릇의 역할을 다하는 것이 토기의 몫이기 때문이다.

죄라는 단어의 원어인 '하타'는 '과녁에서 벗어나다'는 뜻을 갖고 있다. 하나님의 목적과 뜻에서 벗어나면 그것이 바로 죄다. 아담과 하와는 자신의 분수를 망각하고 말았다. 아담과 하와뿐 아니라 그 후손들인 오늘날의 사람들 또한 자신의 분수에 맞지 않게 이렇게 말하곤 한다.

"하나님, 사람 잘못 보셨습니다. 제가 이렇게 여기서 썩고 있을 사람이 아닙니다. 제가 저 사람보다 못한 게 뭡니까? 저 무대의 주인공은 제가 해야 더 빛날 것 같은데요."

토기가 토기장이의 권한을 넘보고 있는 것이다.

한번 상상해 보라. 만약 이 세상의 모든 사람들이 전부 금그릇이라면 금그릇의 가치나 의미가 있을까? 부엌 찬장에는 다양한 그릇을 진열해 놓기를 좋아하면서 왜 하나님의 찬장은 한 종류이기를 원하는가? 하나님은 공평하신 분이고, 질서의 창조주이시다. 세상을 질서와 조화 가운데 창조하셨다. 모든 피조물은 각자의 자리가 있다. 토기는 불평할 권리를 가지고 있는 것이 아니라 감사할 권리를 가지고 있다. 토기가 어디에 있어야 가장 빛날 수 있는지는 토기장이가 안다. 이것이 우리가 함부로 움직이지 말고 자기 자리를 지켜야 하는 이유다. 토기장이의 목적에서 벗어나지 말아야 한다. 토기장이가 쓰기에 좋은 그릇이 되어야 자주 쓰임 받을 수 있다.

우리는 금그릇이 1등, 은그릇이 2등, 나무그릇이 3등, 질그릇이 4등이라고 생각한다. 금그릇은 귀한 것을 담는 그릇이고, 질그릇은 천한 것을 담는 그릇이라고 생각한다. 하지만 하나님이 그릇을 쓰시는 중요한 조건은 그릇의 종류가 아니라 그릇의 상태다. 무슨 그릇인지보다 어떤 그릇인지가 중요한 것이다. 그릇이 더러우면 아무리 금그릇이어도 음식을 담을 수 없다. 주님은 깨끗한 그릇을 원하신다. 주님께 쓰임 받고 싶다면 지금 익숙해져 버린 죄와 결별을 선언해야 한다. 말씀을 가까이하면서 이전에 나의 행동이 잘못되었다는 사실을 깨닫게 되면 가차 없이 돌아서야 한다. 이것이 진정한 회개다.

거룩함을 덧입은 성도가 동거, 도박, 마약, 포르노, 혼전 섹스 등의 은밀한 죄를 즐기고 있다면 그는 스스로 불행을 자초하고 있는 것이다. 행복을 결단하고 죄로부터 돌이켜야 한다. 죄는 우리를 불행하게 만들기 때문이다. 성도가 거룩을 잃어버리면 이빨 빠진 호랑이 신세가 되고 만다. 삼손 신드롬에 걸려 죄로 방탕한 삶을 사는 성도는 거룩한 능력을 절대로 발휘할 수 없다. 하나님의 사랑은 거룩한 사랑이다. 그분은 거룩하시기 때문이다. 하나님은 우리를 사랑하시기 때문에 우리가 거룩해지기를 원하신다. 우리가 거룩한 사람으로 하나님의 목적을 이뤄 가는 멋진 모습을 기대하고 계신다.

~

우리가 점점 거룩해지는 성화는 성령의 사역이다. 성령은 우리를 어떻게 거룩하게 하시는가? 바로 말씀을 통해서 거룩하게 하신다. 이 사실이 너무나 중요하다. 말씀을 가까이하지 않는 사람은 결코 거룩한 삶을 살 수 없다. 시편 기자는 이렇게 고백한다.

> 청년이 무엇으로 그의 행실을 깨끗하게 하리이까 주의 말씀만 지킬 따름이니이다(시 119:9).

예수님도 자신의 마지막 대제사장적인 중보 기도를 드릴 때 성도들을 위해 기도하셨다.

> 그들을 진리로 거룩하게 하옵소서 아버지의 말씀은 진리니이다(요 17:17).

청년들이 죄의 유혹 앞에 힘없이 무너지는 이유는 간단하다. 말씀이 그 속에서 역사하지 않고 있기 때문이다. 성령만이 죄를 물리치실 수 있는 능력인데, 말씀이 없는 삶에는 성령의 거룩한 능력이 나타나지 않는다. 오늘날 그리스도인들은 죄를 이기는 성령의 능력을 체험하지 못하고 무기력증에 걸려 있다. "오직 성경"(Sola Scriptura)으로 돌아가야 한다. 진리의 말씀을 붙들고 죄와 싸워 이겨야 한다. 다른 공격 무기는 없다.

인생에서 가장 중요하면서도 가장 힘든 시기가 바로 청년기다. 인생의 설계도가 그려지는 시기이며, 인생의 본격적인 기초 공사가 진행되는 시기다. 중요한 시기인 만큼 사탄의 방해가 많다. 청년의 시기에 기초를 잘 다지지 않은 인생은 앞으로 불어닥칠 인생의 비바람에 쉽게 무너질 것을 사탄이 알기 때문이다.

마태복음 7장에 나오는 산상수훈의 마지막 가르침처럼, 젊음의 시기에 말씀 위에 기초를 다지지 않으면 모래 위에 지은 집처럼 결국 무너지게 된다. 말씀 위에 기초를 세운다는 것은 성경을 많이 안다는 의미가 아니라, 말씀을 듣고 행하는 것을 말한다. 말씀을 가까이하여 말씀을 생활화해야 한다. 거룩은 하루아침에 완성되는 것이 아니라 평생의 과업이기 때문이다.

또한 죄와 싸워 이기고 거룩의 능력을 회복하는 것은 거룩한 소수(holy minority)와 함께하는 것이다. 바울은 디모데에게 거룩에 대해서 실제적인 멘토링을 해 주었다.

또한 너는 청년의 정욕을 피하고 주를 깨끗한 마음으로 부르는 자들과 함께 의와 믿음과 사랑과 화평을 따르라(딤후 2:22).

주님은 깨끗한 그릇을
원하신다.

인생에서 가장 중요한 것은 만남이다. 누구를 만나느냐가 결국 인생을 결정한다. 술을 좋아하는 친구를 만나면 술을 좋아하게 되고, 도박을 좋아하는 친구를 만나면 도박을 좋아하게 된다. 내가 함께 시간을 많이 보내는 사람의 영향을 받게 된다. 바울에게는 바나바의 멘토링이, 여호수아에게는 모세의 멘토링이, 다니엘에게는 세 친구들의 멘토링이 있었다. 이들은 한결같이 인생의 위기의 순간에 보석 같은 친구와 멘토를 만남으로써 위기를 극복하고 주님께 쓰임 받는 거룩한 사람들이 될 수 있었다.

하나님께 쓰임 받는 사람이 되려면 반드시 주위에 거룩한 소수를 확보하고 있어야 한다. 독불장군식 신앙생활은 위험천만하다. 사람은 누구나 책임 그룹(accountability group)이 있어야 한다. 그렇지 않으면 죄와 유혹에 쉽게 넘어진다. 자신 앞에 닥친 죄의 유혹에 대한 고민을 솔직히 털어놓고 기도 부탁을 할 수 있는 친구, 세상의 시험 앞에 주저할 때 용기를 불어넣어 줄 수 있는 멘토, 끝까지 믿어 주는 후배가 있는 사람이 행복한 사람이다.

청년의 시기는 열매를 거두는 시기가 아니다. "내가 금 그릇일까, 은그릇일까? 성공할 수 있을까, 없을까?"를 고민하기보다 하나님께 쓰임 받기 위해 어떻게 나 자신을 깨끗하게 준비할지에 대해 더 많이 생각해야 한다. 사람들에게 보여 줄 스펙을 쌓을 것이 아니라, 먼저 내면의 그릇을 깨끗하게 닦아야 한다. 거룩이 능력이다. 거룩은 스펙을 능가한다. 거룩한 소년 다윗은 거룩하지 않은 거인 골리앗을 쓰러뜨렸다.

행복 큐티   디모데후서 2장 14-26절

◐ "주께서 자기 백성을 아신다"(19절)는 말씀은 바울이 민수기 16장 5절(70인 역) 말씀을 인용한 것이다. 민수기 16장은 고라의 사람들이 모세와 아론을 반역한 사건을 기록하고 있다. 하나님이 각자의 소명과 지위를 주신 것에 불만을 가졌던 고라의 사람들은 하나님의 심판을 받게 된다. 하나님이 자기 백성을 아신다는 말씀과 그릇의 비유(20절)는 어떤 상관관계가 있는지 생각해 보라. 그대에게는 어떤 메시지로 다가오는가?

◐ 거룩하고 주인이 쓰기에 합당한 그릇이 되기 위해(21절) 스스로 해야 할 것은 무엇인가? 15, 19, 22절을 읽고 생각해 보라.

◐ 거룩한 삶을 위해 바울이 제안하고 있는 또 다른 것은 무엇인가?(22절) 그대의 거룩한 삶을 북돋아 줄 거룩한 소수는 누구인가?

감사는 행복 촉진제다

하나님은 촛불을 보고 감사하면 전등을 주시고,
전등을 보고 감사하면 달빛을 주시고, 달빛을 보고 감사하면 햇빛을 주시고,
햇빛을 보고 감사하면 밝은 천국을 주신다.
찰스 스펄전

행복한 사람에게서 발견되는 가장 큰 특징은, 인생의 어려움과 고통 속에서도 감사를 잃지 않는 것이다. 사람들은 흔히 고통이 불행의 충분조건이라고 잘못 생각하지만, 감사의 사람들은 고통이 오히려 행복을 키워 주는 성장촉진제라고 생각한다.

솔맨이라는 화가는 결혼한 지 얼마 안 된 젊은 나이에 중병에 걸리고 말았다. 의사가 그에게 한 말은 "당신은 임파선 결핵을 앓고 있습니다. 앞으로 3개월밖에 살지 못할 것입니다"였다. 그의

아내는 유명한 가수였는데 당시에 임신 중이었다. 아내에게도 미안하거니와 앞으로 태어날 아이를 생각하면 죄스러웠다. 그가 몹시 괴로워하고 있을 때 아내가 그를 이렇게 위로했다.

"3개월밖에 못 산다고 생각하지 말고, 하나님이 3개월을 허락해 주셨다고 생각하며 감사합시다. 아무도 원망하지 말아요. 3개월이 어디예요? 천금 같은 그 시간을 가장 아름답게 만들어요. 그리고 3개월이나 허락하신 하나님께 감사드려요."

두 사람은 기뻐하며 감사하며 열심히 일했다. 그리고 그 화가는 열심히 그림을 그리던 중에 병이 씻은 듯이 나았다. 그때 그가 그린 그림 중 하나가 예수님의 초상화다. 이 그림은 전 세계적으로 수백만 장이나 인쇄되었고, 오늘도 많은 가정에 걸려 있는 명화가 되었다. 존 헨리가 "감사는 최고의 항암제요, 해독제요, 방부제다"라고 말했듯이, 솔맨은 하나님이 주시는 감사의 기적을 맛본 축복의 사람이었다.

~

성경에 나오는 수많은 인물 가운데 감사의 기적을 맛본 인물로 다니엘을 꼽고 싶다. 그는 10대의 나이에 바벨론에 볼모로 잡혀 온 이후 페르시아의 통치 시대에 이르기까지 여섯 번의 왕권 교체를 통과하면서 평생 정치가로서의 인생을 살았다. 그러다가 80세 즈음의 노년에 인생의 가장 큰 위기를 맞게 된다. 다리오 왕이 자기 외에 다른 신이나 사람에게 절하거나 기도하는 사람은 사자 굴에 던져 넣겠다는 조서를 내린 것이다. 다니엘을 모함하여 그의 정치 생명을 끝내려고 한 정치 라이벌들의 음모에 다리오 왕이 속아 넘어간 것이다. 그러나 다니엘은 자신의 신앙을 지키기 위해 평소의 습관대로 하나님께 하루에 세 번 기도하는 일을 쉬지 않았다.

> 다니엘이 이 조서에 왕의 도장이 찍힌 것을 알고도 자기 집에 돌아가서는 윗방에 올라가 예루살렘으로 향한 창문을 열고 전에 하던 대로 하루 세 번씩 무릎을 꿇고 기도하며 그의 하나님께 감사하였더라(단 6:10).

다니엘은 다리오 왕의 도장이 찍힌 왕의 조서보다 하늘의 왕을 더 두려워했기 때문에 기도를 쉬는 죄를 범하지 않았다. 그런데 그의 기도 내용이 우리에게 큰 도전을 준다. 이런 위기 가운데 그가 드린 기도는 간구의 기도가 아니라, 감사의 기도였다! 평생 하나님의 나라와 의를 위해 살았던 다니엘에게 왜 이런 시련이 와야 하는가? 다니엘은 자신의 처지에 대해 불평할 수도 있었지만, 만왕의 왕 앞에 무릎을 꿇고 감사의 기도를 드렸다. 인생에 찾아온 어려움을 불청객이 아닌 손님으로 받아들였다. 시련이 그의 신앙을 흔들지 못했다. 어려움이 그의 감사를 불평으로 바꾸어 놓을 수 없었다.

다니엘은 결국 사자 굴에 던져졌지만 하나님은 그에게 기적을 베풀어 주셨다. 다니엘은 털끝하나 상하지 않고 그대로 사자 굴에서 나왔다.

다니엘에게서 다시 한번 감사의 기적을 보게 된다. 감사는 기적을 낳는다. 감사하면 하나님의 함께하심을 체험하게 되고, 행복을 누리게 된다.

이 이야기들을 들으면서 마음속으로 '과연 모든 그리스도인이 솔맨이나 다니엘처럼 고통과 시련 가운데서도 감사의 기적을 맛보며 구원받는가?' 하는 질문을 던질지도 모른다. 그렇지 못한 이들도 분명히 있기 때문이다. 성경에도 그런 사람이 있다. 바로 사도 바울이다.

～

바울의 육체에는 가시가 있었다. 학자들에 따라 이 가시에 대한 의견이 분분하지만 육체적 질병임에는 틀림없다. 바울은 신체적인 결함과 고통을 안고서 복음 전도의 사역을 감당했던 것이다. 그 고통이 얼마나 큰 것이었는지는 모르지만, 바울이 세 번이나 하나님께 이 가시를 없애 달라고 간절히 간구한 것을 보면 작은 고통은 아니었던 것으로 보인다. 결국 세 번째 기도에서 하나님은 그에게 응답해 주셨다.

나에게 이르시기를 내 은혜가 네게 족하도다 이는 내 능력이 약한

데서 온전하여짐이라 하신지라(고후 12:9a).

하나님은 가시를 빼 달라는 바울의 간절한 기도에 단호하게 "No!"라고 대답하셨다. 당신이라면 어떻게 반응했겠는가? 아마도 가장 먼저 이렇게 질문했을 것이다.

"왜요? 하나님, 이게 무슨 말씀입니까? 왜 더 효과적으로 사역할 수 있는 길을 선택하지 않으십니까?"

하지만 바울은 하나님의 이 한마디 대답에 만족했고, 감사했다. 그의 대답을 한번 들어 보라.

그러므로 도리어 크게 기뻐함으로 나의 여러 약한 것들에 대하여 자랑하리니 이는 그리스도의 능력이 내게 머물게 하려 함이라 그러므로 내가 그리스도를 위하여 약한 것들과 능욕과 궁핍과 박해와 곤고를 기뻐하노니 이는 내가 약한 그때에 강함이라(고후 12:9b-10).

보통 사람이라면 영화 〈건축학 개론〉의 납득이 말처럼 납득이 되겠는가? 바울은 자신을 고통에서 구원하지 않고 그 고통을 그대로 두시려는 하나님의 뜻을 감사함으로 받아들였고, 기쁨으로 반응했다.

~

몇 년 전 〈127시간〉이라는 영화를 본 적이 있다. 이 영화는 2003년에 미국에서 실제로 일어난 사건을 독립 영화로 만들었다. 주인공 아론은 그랜드 캐니언에 하이킹을 갔다가 작은 돌에 발을 헛디디면서 깊은 협곡 사이로 떨어지게 된다. 다행히도 같이 굴러떨어진 작은 돌과 협곡 사이에 오른팔이 끼게 된다. 그런데 문제는 그 오른팔이 빠지지 않는 것이다. 오른팔이 점점 붓고 마실 물도 떨어지고 아무도 구출해 줄 수 없는 고립된 상태에서 아론은 자신과의 처절한 싸움을 시작한다. 결국 스스로 자신의 오른팔을 절단하고 127시간의 사투 끝에 그 자리를 빠져나오게 된다. 아론은 그 자리를 떠나면서 자신의 잘린 팔을 돌아보며 이렇게 말한다.

"Thank you."

나는 영화관에서 이 대사를 듣는 순간 움찔했다. 어떻게 저 상황에서 감사하다는 말이 나올 수 있을까? 보통 사람 같으면 "Thank you"가 아니라 "F**k you"라는 욕설을 내뱉었을 것 같다. 뜻하지 않게 찾아든 고통을 "Thank you"로 받아친 아론은 지금도 하이킹을 포기하지 않고 한쪽 팔로 산을 오른다고 한다.

이 땅의 모든 인생에는 공통점이 있다. 예고 없이 찾아오는 고난이라는 불청객을 맞이할 수밖에 없는 불편한 진실을 알고 있는 것이다. 하지만 우리는 그 불청객 같은 고난을 맞아들임을 통해 그동안 잃어버렸던 소중한 것, 바로 감사를 되찾게 된다. 결국 고난은 내게 불청객이 아니라 귀한 손님임을 깨닫게 된다.

평소에는 내가 감사의 사람인지 아닌지를 잘 모르고 살아간다. 하지만 취업이 늦어지고, 레이오프가 되고, 사업이 어려워지고, 내 계획들이 무너지고, 잘못도 없는데 억울하게 누명을 쓰고, 손해를 보고, 몸에 갑자기 질병이 오고, 갑작스러운 사고를 당할 때 내가 어떤 사람인지가 그대로 드러나게 된다. 고통은 결코 불행의 씨앗이 될 수 없다. 오히려 고통이 행복의 씨앗이 되도록 감사해야 한다. "범사에 감사"는 말 그대로 하나님이 허락하시는 모든 상황에 대한 감사여야 한다. 감사의 조건이 충분할 때 드리는 조건적인, 상대적인 감사가 아니라 감사의 조건이 없을 때도 드리는 무조건적인, 절대적인 감사여야 한다.

감사의 사람은 이렇게 기도한다.

"기쁨만이 아니라 슬픔도 감사하겠습니다. 성공만이 아니라 실패도 감사하겠습니다. 희망만이 아니라 절망도 감사하겠습니다. 있는 것만이 아니라 없는 것도 감사하겠습니다. 풍족할 때만이 아니라 부족할 때도 감사하겠습니다. 승리만이 아니라 패배도 감사하겠습니다. 건강만이 아니라 육신의 아픔도 감사하겠습니다. 생명만이 아니라 죽음도 감사하겠습니다."

우리가 믿는 예수 그리스도는 십자가의 고통을 감사함으로 받아들이시고 마침내 승리를 거두셨다. 이제 우리는 십자가에서 고통을 감사로 승화시키신 예수 그리스도의 연금술을 배워야 한다. 이 기술이야말로 그리스도인이 배워야 할 가장 멋진 삶의 기술이다.

십자가에서

고통을 감사로 승화시키신

예수님의 연금술을

배워야 한다.

영웅이 위기 때 태어나는 것이 아니라 일상에서 태어나듯이, 고통에도 감사할 수 있는 사람은 일상에서 태어난다. 큰 고난에도 감사로 승리할 수 있는 사람은 작은 일상에 대한 감사를 훈련한 사람임에 틀림없다. 감사의 항체가 몸 안에 잘 형성된 사람일 것이다.

～

내가 미국에 와서 느낀 미국 사람들의 훌륭한 점 중 하나는 바로 감사의 일상화다. 미국 사람들은 "Thank you"라는 말을 많이 한다. 심지어 미국의 라이벌 국가였던 소련의 후르시초프(Nikita Khrushchev)조차 미국에 대해서 이런 말을 했다.

"미국이 세계에서 가장 잘 사는 나라가 된 것은 '감사합니다'를 가장 많이 말하기 때문이다. 그들은 심지어 '아니요'라고 말할 때도 '감사합니다'(no thanks)라고 한다."

오늘날 현대인들은 예전에는 없던 물질의 풍요 속에서 살고 있다. 하지만 안타깝게도 가난 또한 많이 경험하며 살고 있다. 풍요로운 현대인들이 겪고 있는 가장 극심한 가난은 감사의 가난이다. 이 감사의 빈곤이 행복으로부터 점점 더 멀어지게 한다. 불평은 불행을 낳고 감사는 행복을 낳는다. 불평은 불행의 어머니고 감사는 행복의 어머니다. 불평은 우리 영혼의 망막을 손상시켜 하나님의 선을 바라보지 못하게 하는 악성 바이러스다. 진짜 문제는 돈이나 건강이 없는 것이 아니라 감사가 없는 것이다.

찰스 스펄전 목사님은 이렇게 말씀하셨다.

"불행할 때 감사하면 불행이 끝나고, 형통할 때 감사하면 형통이 연장된다."

나는 이렇게 말하고 싶다.

"돈을 잃으면 조금 잃는 것이고, 건강을 잃으면 많이 잃는 것이고, 감사를 잃으면 전부를 잃는 것이다."

사탄은 오늘도 우리에게 이렇게 속삭일 것이다.

"항상 염려하라. 쉬지 말고 비교하라. 범사에 불평하라. 이는 너희를 향한 사탄의 뜻이니라."

하지만 우리 주님은 오늘도 우리에게 이렇게 속삭여 주신다.

> 항상 기뻐하라 쉬지 말고 기도하라 범사에 감사하라 이것이 그리스도 예수 안에서 너희를 향하신 하나님의 뜻이니라(살전 5:16-18).

마틴 루터가 말했듯이 사탄의 세계에는 감사가 없다. 하지만 하나님의 세계에는 감사밖에 없다.

초대 교회의 교부 어거스틴의 말에 의하면 당시에 그리스도인들은 너무나 어려운 삶을 살았다고 한다. 그들은 역사에 유래를 찾을 수 없는 잔혹한 박해를 300년 이상 받으면서 믿음을 지켜야 했다. 게다가 그들 가운데 70%는 아무것도 가진 것이 없는 절대 빈자인 노예들이었다. 그런데 자신의 불타는 신앙심을 입증이라도 하듯 그들이 나누었던 특유의 작별 인사가 있었다. 두 사람이 만날 때든, 열 사람이 만날 때든, 교회 안에서 모두가 함께 만날 때든 그들은 사랑의 교제를 나누었다. 그리고 헤어지면서 "Deo Gratias!"(하나님께 감사합시다!)라고 속삭였다.

행복해서 감사한 게 아니라 감사해서 행복하다는 사실을 다시 한번 기억하자.

감사 방정식

감사 = 기억 + 자족 + 신뢰
　　　(과거)　(현재)　(미래)

감사는 과거의 은혜에 대한 기억과
지금 내게 있는 모든 것에 대한 자족과
미래에 주어질 모든 것에 대한 신뢰가
한자리에 모일 때 온전해진다.

행복 큐티   다니엘 6장 1-10절

◗ 다니엘은 어떤 사람이라고 기록되어 있는가?(2-4절)

◗ 친구들이나 동료들로부터 부당한 대우를 받았을 때를 기억해 보라. 다니엘은 자신이 당한 억울하고 부당한 고난 앞에서 어떻게 행동하고 있는가?(10절)

◗ 다니엘이 감사할 수 있었던 이유는 무엇일까?

◗ 지금 그대가 감사할 수 있는 이유를 10가지만 적어 보라.

행복 영상   헬렌 켈러의 감사

날마다 영혼을 샤워하라

회개는 영원의 궁전을 여는 황금 열쇠다.
존 밀턴, 《실락원》 중에서

그리스도인이 된다는 것은 존 번연이 《천로역정》에서 말한 것처럼 등에 지고 있던 죄의 짐을 풀어 놓는 것이다. 예수 그리스도의 은혜로 진리를 깨달은 사람은 가장 먼저 자신이 지고 있던 죄의 짐을 십자가 앞에 조용히 내려놓게 된다. 그리고 그 십자가의 은혜 아래에서 참자유를 경험하게 된다.

그런데 아이러니하게도 우리는 그 은혜를 경험한 후에 실제의 삶 속에서는 죄로부터 자유하지 못할 때가 참 많다. 신학적으로 이것을 칭의와 성화의 긴장 관계(tension)라고 말한다. 루터는 "그리스도인들은 의인이면서 동시에 죄인"이라고 말했다. 그리스도인의 이러한 이중적 정체성은 미국에 사는 1.5세대 한국인들이 자신이 한국인인지, 미국인인지 혼란을 겪는 것과 비슷하다. 바울이 로마서 7장에서 말한 대로, 마음으로는 선을 행하기 원하지만 원하지 않는 악을 행하고 마음으로는 하나님의 법을, 육신으로는 죄의 법을 섬기는 것으로 인한 영적 고뇌가 있는 것이다.

나는 어릴 때부터 예수님이 우리의 죄를 용서해 주셨다고 하는데 왜 그리스도인들은 교회만 오면 회개 기도를 하는지 의문이었다. 그것도 매 주일 거의 비슷한 회개 기도의 제목을 갖고 오기 때문에 그들의 기도가 형식적으로 느껴질 때도 있었다. 불신자들도 이런 그리스도인들의 회개에 대해 냉소적이고 비판적이다. 죄를 짓지 않으려고 노력하지 않고 무조건 신에게 용서를 구하는 모습이 몹시 나약해 보이고 무책임해 보인다는 것이다. 그래서 대부분의 사람들은 두 가지 방식 중 하나로 죄책감을 해결한다. 죄나 잘못을 그냥 잊어버리거나, 죄나 잘못에 익숙해짐으로써 죄의식을 줄여 나가는 것이다.

그러나 이것은 더 끔찍한 죄에 이르게 한다. 죄는 매듭지어야 하는 신발 끈과 같다. 신발 끈이 풀어진 채로 달리면 그 신발 끈에 밟혀서 결국은 넘어지게 된다. 죄는 묵인하고 넘어가거나 죄 자체를 부정함으로써 죄에 익숙해지는 방식으로는 전혀 해결되지 못한다. 죄는 그 특성상 반복되면 눈덩이처럼 불어나기(snowball effect) 때문이다. 죄는 옷소매에 붙은 작은 불씨처럼 빨리 꺼야 한다. 빨리 해결하지 않으면 몸 전체를 태울 수 있는 파괴력을 지니고 있다.

죄를 매듭짓는 방법은 그저 잊어버리거나 익숙해지는 것이 아니라, 누군가에게 자신의 죄를 고백하는 것이다. 가슴 아픈 죄의 고백은 회개의 시작이고, 참자유와 행복의 시작이다. 회개는 시작부터 유쾌하지 않고 마음 내키지 않을 수 있다. 수치심을 느끼기 때문이다. 하지만 이것은 회개의 시작일 뿐이다. 회개는 수치심을 느끼는 것으로 끝나지 않는다. 그대가 회개의 자리로 갈 때 하나님은 그대를 용서하시고 마음의 평안과 회복의 은혜를 베풀어 주신다. 그리고 그 은혜 때문에 그대는 언제나 새롭게 시작할 수 있다.

~

회개는 헬라어로 '메타노이아'라고 하는데, 단순히 옛 잘못을 뉘우치고 고치는 것을 말하는 게 아니라 '의식의 변화'를 의미한다. 잘못된 태도나 습관을 고치는 것에 머무는 것이 아니라, 속사람이 '근본적으로 변하는 것'이다. 해적선 안에서 열심히 일하면 훌륭한 해적이 되는 것처럼 방향을 바꾸지 않으면 삶은 점점 나빠질 뿐이다. 그대의 삶이 진정으로 회복되기를 원한다면 인생의 키를 붙잡고 삶의 방향 전체를 틀어야만 한다.

전통적인 개혁주의 신학이 담긴 웨스트민스터 소요리 문답 87

번은 이렇게 질문하고 답한다.

Q. 생명에 이르는 회개는 무엇인가?
A. 생명에 이르는 회개는 곧 구원의 은혜인데, 이로 말미암아 죄인
   이 자기 죄를 바로 알고 그리스도 안에서 하나님의 자비를 깨
   달아(지적 요소) 자기 죄에 대하여 슬퍼하고 미워하고(감정적 요소)
   그 죄에서 떠나 하나님께로 돌아가서 굳은 결심과 노력으로 새
   롭게 순종하는(의지적 요소) 것이다.

이와 같이 회개에는 지, 정, 의의 세 요소가 필요하다. 지적 요
소에 대해 더글러스 스티어(Douglas Steere)는 이렇게 말했다.

"한 영혼이 하나님의 눈앞에 나아갈 때, 사랑의 하나님 앞에 고
요히 있음으로 영혼이 깊이 찔림을 받아 용서받아야 하는 것들을
의식하게 된다. 그리고 그것들을 바로잡아 끊임없이 보호해 주시
는 하나님을 사랑할 수 있게 된다."

루터는 십계명에 따라 자신을 성찰하는 실제적인 회개의 방법
을 택했다고 한다. C. S. 루이스는 "거듭난 삶에서 가장 중요한 징
후 한 가지는 본질적이고 바뀌지 않는 자신의 부패상을 계속 인
식하고 끊임없이 혐오하는 것이다. 참된 그리스도인이라면 내면
의 하수구에서 나는 악취를 콧구멍으로 계속 맡아야 한다"고 말
했다.

회개야말로 거듭난 사람의 증거다. 사람은 선해질수록 자신의

회개의 깊이와

하나님의 은혜의 깊이는

정비례한다.

죄를 더욱 분명히 깨닫는다. 반면 악해질수록 자신의 죄를 깨닫지 못한다. 그래서 어느 정도 악한 사람은 자신이 좋은 사람이 못 된다는 것을 알지만, 철저하게 악한 사람은 자신이 옳다고 생각한다. 술에 취하면 자신이 취한 줄 모르는 것처럼 자신은 아무 잘못도 하지 않았다고 생각하는 사람이 결국 가장 문제가 깊은 사람이다. 모든 회개는 자신의 부패함과 죄성을 깊이 인식해야만 이루어질 수 있다.

회개에서 지적 요소 다음에 일어나는 감정적 요소는 눈물과 고백으로 이뤄진다. 회개하면 후회하며 근심하게 되는데 이럴 때 눈물이 난다. 이 단계에서 영적 카타르시스가 일어나고 마음에 정화가 일어난다. 죄에 대한 지적 깨달음이 일어난 후에는 감정적으로 가슴 아파하게 되는 것이 당연한 원리다. 슬픔이 없는 후회는 진정한 후회가 아니다.

반면에 마냥 슬퍼만 하는 것이 아니라 하나님께 잘못했다고 시인하고 고백하는 것이 중요하다. 나이가 들수록 미안하다는 말, 잘못했다는 말을 하기가 어렵다. 단순하게 잘못을 인정하기보다는 국회의원들처럼 기억이 나지 않는다고 말하거나 다른 사람들과 상황을 탓하며 자신의 책임을 회피한다. 그러나 죄를 짓고 나서 하나님이나 사람들 앞에서 세련된 논리를 늘어놓을수록 죄의 짐은 더욱 무거워진다는 것을 깨달아야 한다.

죄는 가만히 두면 눈덩이처럼 불어나고, 다른 사람들에게까지 나비 효과(butterfly effect)를 불러일으킨다. 반면에, 에스라의 눈물의 회개가 리더들과 온 백성에게 영향을 준 것처럼, 한 사람의 진실한 회개의 고백도 주위 사람들에게 나비 효과를 일으킨다. 이것이 바로 고백의 힘이다. 고백은 치유를 낳는다. 감추는 것은 병을 키울 뿐이다.

성 어거스틴이 "악한 행위를 고백하는 것이 선한 행위의 시작이다"라고 말한 것처럼 고백은 은혜지만 또한 훈련임을 알아야 한다. 돌이켜야 한다고 말씀하시는 분은 하나님이지만, 실제로 돌이켜야 하는 사람은 나 자신임을 기억하라. 고백은 오롯이 나의 몫이다. 나 대신 고백해 줄 사람은 아무도 없다.

~

고백이 없는 사람에게는 변명만 존재한다. 로라 슐레징어(Laura Schlessinger)는 《인생을 망치는 7가지 변명》(황금가지, 2000)에서 변명에는 7가지 유형이 있다고 말한다.

1. 나도 알아요. 하지만 나도 사람이라고요.
2. 그게 잘못이란 건 알아요. 하지만…
3. 그게 옳다는 건 알아요. 하지만…
4. 나야말로 진짜 불행한 사람이라고요.
5. 나도 한때는 내 가치관이 있는 사람이었다고요.
6. 그건 특별한 사람이나 하는 거라고요.
7. 하다 보니 그렇게 됐어요.

변명은 인생을 망치지만 고백은 인생을 살린다. 죄를 해결하는 길은 변명이 아니라 고백이다. 고백은 하나님의 긍휼과 은혜를 체험하는 통로다. 에스라서를 보면 스가냐가 자신의 죄를 회개하면서 희망을 기대하는 장면이 나온다.

> 엘람 자손 중 여히엘의 아들 스가냐가 에스라에게 이르되 우리가 우리 하나님께 범죄하여 이 땅 이방 여자를 맞이하여 아내로 삼았으나 이스라엘에게 아직도 소망이 있나니(스 10:2).

스가냐는 비록 죄를 저지른 이스라엘이지만 오히려 소망이 있다고 고백했다. 자신의 자녀들을 절대로 포기하지 않고 회복시키려는 희망을 품고 계신 하나님을 믿었기 때문이다. 우리가 비록 죄를 지었더라도 "다윗의 후손이여, 나를 불쌍히 여겨 주옵소서"라고 눈물로 고백할 때 구원의 빛을 경험할 수 있다. 하나님의 긍휼하심에 모든 것을 걸고 아버지의 가슴에 대고 호소하라. 회개의 깊이와 하나님의 은혜의 깊이는 정비례한다는 것을 깨닫게 될 것이다.

하나님의 긍휼과 자비하심으로 구원과 기쁨의 종착역에 도착했다면, 이제 마지막 회개의 단계는 거룩한 삶을 살기 위한 발걸음을 내딛는 것이다. 더 이상 죄를 지음으로 하나님을 슬프게 하지 않으려는 의지적 행위가 필요하다. 예수 그리스도 안에 있는 사람이라면 누구나 변화의 과정을 거치며 성화되어 간다. 그리고 거룩해져 가는 변화를 위한 마지막 필수 단계는 죄와의 싸움이다.

히브리서 기자는 트랙 안에 경주를 가로막고 있는 죄라는 장애물들이 놓여 있는데 죄와 피 흘리기까지 싸우게 될 것이라고 말한다. 그렇다면 장애물에 걸려 넘어질 때마다 우리는 어떻게 해야 하는가? 내 힘으로 싸워서 이길 수 있는 것이 아님을 깨닫고, 하나님께 기도로 죄를 고백하며 나아가야 한다.

인생은 여러 가지 죄와 유혹들 속에서 끊임없이 고군분투하며 살아야 하기 때문에 어렵다. 그래서 회개는 그리스도인들에게 평생의 과제다. 그러나 당신이 과거에 저지른 수많은 잘못과 죄로 인해 좌절하지는 마라. 대신 상한 심령과 애통하는 마음으로 하나님의 은혜의 보좌 앞으로 나아가라. 죄의 문제가 끊이지 않아 회개가 지속될 수밖에 없는 슬픈 현실은 하나님의 은혜가 지속될 수밖에 없음을 보여 주는 위대한 역설이다. 하나님은 당신이 의인이라서 사랑하시는 것이 아니라, 죄인임에도 불구하고 사랑하신다.

매일 몸을 샤워하듯이 우리의 영혼도 매일 샤워해야 한다. 회개하는 시간은 하나님의 용서의 비누로 우리의 영혼이 씻김을 받는 시간이다. 우리는 날마다 죄를 씻어야 한다. 당신이 정말 행복하게 살고 싶다면 당장 죄로부터 '돌아서야'(turn: 히브리어로는 '슈브'. 선지서에서 회개를 촉구할 때 여러 번 쓰인 단어다) 한다. 죄의 쾌락은 순간이고, 우리를 영원히 만족시키지 못한다. 선악과를 먹는 것은 우리에게 아무런 도움이 되지 못하고 오히려 독이 된다. 죄는 우리를 죽인다. 하지만 회개는 우리를 살린다.

예수님은 여전히 우리에게 외치고 계신다.

"회개하라, 천국이 가까이 왔느니라!"

지금 당장 그 사랑의 품으로 돌아가라. 그래야 소망이 있다.

행복 큐티   에스라 10장 1-17절

||||||||||||||||||||||||||||||||||||||||||||||||||||||||||||||||||||||||||||||||||||||||

◖ 이스라엘의 범국민적 회개 운동은 어떻게 시작되었는가?(1절)

◖ 이스라엘의 범죄는 무엇이었나?(2-3절)

◖ 이스라엘 백성들은 회개하면서 어떻게 행동하기로 결단했는
　가?(12-14절)

◖ 회개 운동을 반대한 자들은 누구인가?(15절)

◖ 회개 운동이 개혁으로 이어지기까지 얼마의 기간 동안 노력을 기
　울였는가?(16-17절)

◖ 그대가 습관적으로 즐기고 있는 죄가 있다면 지금 회개를 결단하
　고, 철저한 회개의 열매를 맺기 위해 성령님의 도우심을 간구하라.

행복 영상   베드로 이야기

||||||||||||||||||||||||||||||||||||||||||||||||||||||||||||||||||||||||||||||||||||||||

용서가 있는 곳이 천국이다

다른 사람을 용서할 수 없는 사람은
자신이 천국에 갈 때 건너가야 할 다리를 부수는 사람이다.
조지 허버트

예수님은 지상 설교를 통해 원수를 사랑하고 용서할 것을 가르치셨다. 산상수훈이 담긴 마태복음 5장에서 오른뺨을 맞으면 왼뺨을 돌려 대라고 하셨다. 마태복음 6장의 주기도문에서는 "우리가 우리에게 죄지은 자를 사하여 준 것같이 우리 죄를 사하여 주시옵고"라는 용서에 관한 기도를 가르치셨다. 그리고 주기도문 부록으로 한 번 더 용서를 강조하시면서 "너희가 사람의 잘못을 용서하면 너희 하늘 아버지께서도 너희 잘못을 용서하시려니와 너희가 사람의 잘못을 용서하지 아니하면 너희 아버지께서도 너희 잘못을 용서하지 아니하시리라"(마 6:14-15)고 가르치셨다.

용서는 하나님의 본성이다. 하지만 사람의 본성은 용서가 아니라 보복이다. 하나님의 용서는 아주 오래된 일이다. 아담의 범죄 때부터 하나님은 끊임없이 사람들을 용서해 주셨다. 하나님은 자비가 풍성하신 분이기 때문이다. 용서받을 자격이 없는 자에게 선물로 은혜를 베푸시는 것이 하나님의 용서의 특징이다.

구약의 하나님이 무서운 하나님으로만 여겨지는가? 그렇다면 그것은 큰 오해다. 하나님의 심판은 절대로 순간적인 감정의 결과가 아니다. 하나님의 모든 심판은 오랜 경고 후에 일어났다. 하나님의 본심은 심판이 아니라 용서다. 하나님은 사랑이시다. 그래서 하나님은 죄 가운데 살아가던 이스라엘 백성들을 동물의 희생 제사를 통해 매일 용서해 주셨다. 그리고 그것으로도 충분하지 않아 1년에 한 번, 대속죄일에 이스라엘의 모든 죄를 다 용서해 주셨다. '용서 Day'를 정하신 것이다.

하나님은 더 나아가서 온 인류를 용서하셨다는 증거로 그분의 아들 예수 그리스도를 희생 제물로 삼으셨다. 십자가에서 죄인들을 대신해 못 박아 죽이셨다. 아무런 죄가 없는 예수 그리스도는 죄인을 위해 스스로 죽음을 선택하셨다. 하나님과 원수 된 사람들을 용서하시고, 그들의 죄의 형벌을 대신 치르셨다. 그리고 "다 이루었다"는 말씀과 함께 하나님의 완전한 용서를 나타내 보이셨다. 하나님 아버지는 원수 된 죄인들을 사랑하셔서 용서를 결단하셨다. 그분의 아들 예수님은 자신의 죽음을 통해 하나님이 인류의 죄를 용서하신 것을 보여 주셨다. 성령님은 그 용서의 은혜를 우리로 하여금 깨닫게 해 주셨다.

예수님은 죄인들의 친구가 되기를 주저하지 않으셨다. 의인을 부르러 온 것이 아니라 죄인을 살리려고 오셨다면서 이 땅에 오신 목적을 말씀하셨다. 모두가 용서할 수 없는 자라며 손가락질하는 자들을 용서하셨다. 사람들에게 죄 없는 자가 돌로 치라고 하시며 간음한 여인을 먼저 용서하시고, 그 후에 죄에 대해 경고하셨다. 대개 사람들은 자신에게 잘못한 사람들에게 먼저 잘못을 뉘우치고 고치면 그때 용서해 주겠다고 말하지만, 예수님은 먼저 용서하신 후 우리의 회개를 기다리신다.

예수님이 말씀하신 유명한 탕자의 비유가 이러한 하나님의 용서를 잘 보여 준다. 아버지는 둘째 아들이 유산을 챙겨 집을 떠날 때 이미 용서하고 집으로 돌아오기만을 기다렸던 것이다. 집으로 돌아온 아들과의 재회의 장면은 용서의 장면이 아니라 화해의 장면이다. 아들이 돌아오면 상태를 보고 용서하겠다는 마음을 먹은 아버지였다면 멀리서 오는 아들을 먼저 알아보고 그렇게 달려갈 리가 없지 않겠는가?

～

창세기에는 요셉의 용서의 이야기가 나온다. 요셉은 자신을 죽이려고 한 이복형제들을 하나님의 마음으로 이미 용서하였기에,

그들이 뉘우치고 자신 앞에 무릎 꿇었을 때 그들과 화해할 수 있었다.

여기서 우리는 용서와 화해가 다른 것임을 기억할 필요가 있다. 용서는 미리 결단하는 것이고, 상대가 뉘우치고 회개하면 화해가 비로소 이뤄지는 것이다. 비유하면 용서는 일방통행이고 화해는 쌍방통행이다. 예수님은 십자가에서 이 땅의 모든 사람들을 일방적으로 용서하셨다. 하지만 모두와 화해하신 것은 아니다. 뉘우치고 회개하는 자들과만 화해하시기 때문이다. 모두가 구원받는 것이 아닌 이유가 바로 여기에 있다. 회개한 자만 천국을 소유할 수 있다. 예수님이 "회개하라. 천국이 가까이 왔느니라"하고 선포하신 이유가 바로 여기에 있다.

예수님은 십자가의 대속의 죽음을 통해 모두에게 새 생명의 길, 영생의 길, 참생명의 새로운 길을 만드셨다. 그 길이 생명의 길이요, 진리의 길임을 믿기로 작정하고 그 길을 선택하여 들어서는 자들은 하나님과 화해하고 빛 가운데로 걸어가는 삶을 살게 된다. 아름다운 미래가 보장된 삶을 살게 된다. 바로 이것이 복음, 즉 기쁜 소식이다.

결국 용서는 복음의 핵심이다. 용서는 사랑의 핵심이다. 하나님의 죄인을 향한 사랑의 핵심은 용서다. 그렇다면 죄인의 또 다른 죄인을 향한 사랑의 핵심 또한 당연히 용서여야 한다. 우리 모두는 죄인이다. 죄 없으신 하나님이 죄인을 용서하시는데, 죄인인 우리가 다른 죄인을 용서하지 않는다는 것은 말이 안 된다.

예수님은 이 사실을 주기도문에서 아주 직설적으로 강조하셨고, 무자비한 종의 비유를 통해서도 말씀하셨다. 사실 이 비유는 베드로가 "주여, 형제가 내게 죄를 범하면 몇 번이나 용서하여 주리이까? 일곱 번까지 하오리이까?"라고 질문한 것에 대해 예수님이 "일곱 번뿐 아니라 일곱 번을 일흔 번까지라도 할지니라"고 대답하신 것에 대한 예화다. 이 비유에서 예수님은 1만 달란트 빚진 자를 탕감해 주는 자비로운 왕과 백 데나리온 빚진 동료를 용서하지 않는 무자비한 종을 대조시키신다.

우리는 베드로처럼 내가 누군가를 용서해야 하는 자리에 있을 것이라는 생각을 많이 하지만, 정작 나도 누군가의 용서를 받아야 하는 사람이라는 것은 미처 생각하지 못한다. 우리는 모두 누군가를 용서할 사람이기 이전에 누군가로부터 용서받아야 할 대상임을 잊어서는 안 된다.

～

용서는 항상 나 자신이 아닌 상대를 먼저 생각할 때만 가능하다. 내 유익을 구하면 절대로 누군가를 쉽게 용서할 수 없다. 용서는 내가 손해 보지 않고 할 수 있는 것이 아니기 때문이다. 누군가에게 선물을 주는데 내 주머니에서 돈이 안 나갈 수는 없지 않겠는가? 용서는 누군가에게 줄 수 있는 최고의 선물인데, 값비싼 대가를 지불하지 않고서는 할 수 없다. 그래서 용서가 어려운 것이다. 일곱 번을 일흔 번까지 용서하려면 그만큼의 대가를 치러야 한다.

예수님에게 인류 전체를 용서하는 대가는 혹독했다. 그것은 그분의 목숨이었다. 예수님이 그 대가를 지불하셨기에 우리가 용서의 은혜를 누리는 것이다. 우리는 더 이상 죄의 빚을 지고 사는 사람들이 아니다. 모든 빚을 한꺼번에 탕감받은 자유인의 몸이 된 것이다.

예수님의 무자비한 종의 비유는 사실 과장된 비유다. 예수님 당시에 팔레스타인 세금의 총합이 800달란트였음을 볼 때 1만 달란트는 그리스 통화로 가장 큰 단위의 금액이다. 종의 월급으로 갚으려면 한 푼도 안 쓰고 25만 년 동안 월급을 모아야 하는 금액이다. 왕이 이런 금액을 종에게 빌려 줄 리도 만무하고, 종이 그 금액을 지불한다는 것도 불가능하다. 종은 자신이나 처자식이라도 팔겠다고 했지만, 당시에 종의 몸값은 1달란트도 채 되지 않았다. 결국 종이 살길은 왕이 빚을 탕감해 주는 것밖에 없다. 이 비유는 용서받을 수 없는 죄인을 긍휼히 여기시고 용서하시는 자비로운 하나님의 무조건적인 은혜를 우리에게 보여 주는 것이다.

예수님은 이 비유를 시작하면서 천국을 말씀하셨다.

> 그러므로 천국은 그 종들과 결산하려 하던 어떤 임금과 같으니(마 18:23).

용서가 있는 곳이 천국이오,

용서하지 않는 마음이 지옥이다.

용서가 있는 곳이 천국이라는 말씀이다. 그렇다면 약 3개월치 봉급인 백 데나리온을 빚진 동료의 멱살을 잡은 종의 모습은 정반대로 지옥의 모습이다. 가차 없는 법의 집행이 있는 모습이다. 자비라고는 손톱만큼도 없는 냉정하고 무자비한 모습이다. 바로 우리가 매일 살아가고 있는 이 세상의 모습이다. 온갖 소송과 다툼이 넘쳐 나는, 용서 없는 삶의 현장 말이다.

주기도문과 무자비한 종의 비유를 통해 예수님이 강조하시려는 의도는 동일하다. 먼저는 우리가 하나님으로부터 갚을 수 없는 은혜, 죄 용서의 은혜라는 최고의 선물을 받았다는 사실을 기억하라는 것이다. 이것이 우리에게 죄지은 자에게 우리 또한 용서할 수 있는 유일한 근거라고 말씀하시는 것이다. 우리가 하나님으로부터 받은 은혜를 기억하지 않고서 우리의 본성으로 누군가를 용서한다는 것은 사실상 불가능하다는 것이다.

그리고 또 하나, 용서의 명령에 대한 순종은 우리가 하나님의 용서의 은혜를 경험하게 하는 축복이라는 것이다. 하나님이 우리에게 요구하시는 용서는, 하기 싫은데 억지로 해야만 하는 의무로서의 용서가 아니다. 우리가 누군가를 용서함으로써 하나님의 용서의 은혜를 누리도록 하나님이 선물로 주신 것이다. 내가 누군가를 용서할 때만 비로소 나를 향한 하나님의 용서의 은혜를 직접 체험할 수 있다. 누군가를 실제로 용서하지 않고서는 하나님의 용서의 의미를 결코 깨달을 수 없다.

내가 누군가를 용서하지 않으면 그 기간 동안 하나님의 용서를 경험할 수 없고, 대신 지옥의 맛을 보게 된다. 용서하지 않는 마음이 곧 지옥이기 때문이다. 예수님은 여러 번 지옥의 특징을 "끊임없이 이를 가는 곳"으로 묘사하셨다. 분노가 종식되지 않는 무자비한 곳, 용서가 없는 곳, 바로 그곳이 지옥이다. 나에게 잘못한 사람에 대해 쉬지 않고 생각하며 분노하는 가인의 모습이 바로 그러했다.

사랑 장으로 잘 알려진 고린도전서 13장에 나오는 사랑의 특징 가운데 "악한 것을 생각하지 않는"(5절) 것이 있다. 영어 성경에는 "keep no record of wrongs"라고 되어 있다. 누군가의 잘못을 기록하고 아이클라우드(iCloud)에 저장해 두지 않는 것이 사랑이라는 말씀이다.

하나님은 우리의 죄를 동이 서에서 먼 것같이 옮겨 주시고, 용서의 지우개로 깨끗이 지우셨다. 그런데 우리는 우리에게 상처 주고 죄지은 자의 말이나 행동을 잊지 않고 기억하려고 한다. "내가 다른 건 몰라도 이 일은 절대로 잊을 수 없어!"라고 말하며 잊지 않으려고 한다. 그리고 그 잊히지 않은 일은 때로 마음속에서 다시 떠올라 나를 더 분노하게 한다. 그래서 하나님이 어떤 한 가지 죄에 대해서 일곱 번을 일흔 번까지 용서하라고 말씀하신 것이다. 반복적인 용서의 훈련에 대해 강조하신 것이다.

왕은 종을 법대로 심판하지 않고 용서해 주었다. 그런데 종은 동료를 법대로 심판하며 무자비하게 감옥에 집어넣었다. 하나님은 우리를 율법으로 정죄하지 않고 용서해 주셨다. 그런데 정작 우리는 자꾸만 율법으로 사람들을 무자비하게 정죄한다.

용서는 내가 용서받은 죄인이라는 것을 실제적으로 삶 속에서 경험하는 은혜다. 용서함(forgiveness) 없이는 용서받음(forgivenness)도 경험할 수 없다. 용서는 죄의 감옥에서 불행한 삶을 살고 있는 사람을 그 감옥으로부터 해방시켜 주는 최고의 선물이다. 행복은 주는(give) 것에 있기에 용서하는(forgive) 것은 다른 사람은 물론 나에게도 최고의 선물이다.

사실상 이 세상의 가장 어두운 감옥은 용서하지 않는 마음의 감옥이다. 정죄에는 빠르고 용서에는 느린 우리의 모습을 되돌아보자. 나는 그대가 일생 동안 용서함으로 용서받음의 행복을 누리며 살아가는 천국의 모습을 이 땅에서 보여 줄 수 있기를 소망한다.

행복 큐티   마태복음 18장 14-35절

◐ 마태복음 18장 전체의 주제는 큰 천국의 가치는 작은 한 영혼에 있다는 것이다. 예수님은 잃은 양의 비유를 통해서 "이 작은 자 중의 하나라도 잃는 것은 하늘에 계신 너희 아버지의 뜻이 아니니라"(14절)고 말씀하셨다. 그리고 한 영혼을 회복시키기 위한 교회의 권징에 대해 말씀하셨다(15-20절). 그렇게 한 영혼의 소중함에 대한 말씀을 들은 베드로는 이렇게 질문한다. "주여, 형제가 내게 죄를 범하면 몇 번이나 용서하여 주리이까? 일곱 번까지 하오리이까?"(21절) 예수님의 대답은 무엇이며 그 뜻은 무엇이었는가?

◐ 임금이 종의 빚을 탕감해 준 것은 임금이 그를 긍휼히 여겨 자비와 은혜를 동시에 베푼 것이다. 자비는 마땅히 벌을 받아야 하는 자에게 벌을 내리지 않는 것이라는 점에서 종은 임금으로부터 자비를 입었다. 또한 은혜는 마땅히 받을 자격이 없는 자에게 선물을 주는 것이라는 점에서 이 종은 임금으로부터 은혜를 입었다. 그대도 이러한 자비와 은혜를 받은 경험이 있는가?

◐ 우리의 삶 속에서 용서받음(forgivenness)과 용서함(forgiveness) 사이에 괴리가 생기는 이유는 무엇이라고 생각하는가?(35절)

◐ 그대가 지금 용서해야 하는 사람을 위해 기도하고 마음으로부터 용서를 결단하고 시행하라.

191

습관이 성품을 빚어 간다

꽃은 그 생명이 생생할 때 향기가 신선하듯이
사람도 그 마음이 맑지 못하면 품격을 보전하기 어렵다.
썩은 백합꽃은 잡초보다 오히려 그 냄새가 더 고약하다.
세익스피어

사람에게는 꽃처럼 그 사람만의 고유한 향기가 있다. 그 향기
는 의외로 오래가고 멀리 간다. 외향으로 풍기는 향기보다 더 중
요한 향기가 있다. 사람의 참향기는 바로 그 사람의 성품, 곧 인
격이다. 인격은 그 사람만의 향기다. 그리스도인은 인격의 향기가
물씬 풍기는 사람이다. 바울이 그의 편지에서 그리스도의 향기라
고 말했을 때 나는 그가 그리스도인들의 성품을 두고 한 말이라
고 생각한다.

우리는 구원받는 자들에게나 망하는 자들에게나 하나님 앞에서 그리스도의 향기니(고후 2:15).

바울은 하나님이 인간을 구원하신 궁극적인 목적을 명확히 밝히고 있다.

하나님이 미리 아신 자들을 또한 그 아들의 형상을 본받게 하기 위하여 미리 정하셨으니 이는 그로 많은 형제 중에서 맏아들이 되게 하려 하심이니라(롬 8:29).

하나님이 그대를 구원하신 목적은 그대가 그리스도를 통해 구원받고 그분의 형상을 닮아 그분의 성품에 참여하는 데 있다. 그러므로 이 땅에서 살아가면서 하나님의 영광을 드러내는 최고의 길은 어떤 큰일을 이루는 것이 아니라, 그대의 성품이 예수님을 닮아 가는 것이다. 안타깝게도 많은 그리스도인들이 이 본질에서 벗어나 있기 때문에 구원 이후의 삶이 예수를 모르는 자들에게 큰 실망을 안기는 경우가 많다.

신앙생활의 초점을 내 마음의 평안이나 축복이나 성공에 둘 때 예수를 닮은 성품은 삶의 우선순위에서 뒤로 밀려나게 된다. 그리스도인에게 성품의 변화 없는 성공은 그야말로 재앙의 시작이다. 모래 위에 지은 집처럼 한순간에 무너진다. 요즘 주위에서 소위 성공한 그리스도인들이 한순간에 무너지는 모습을 종종 보면서 놀라고 있지 않은가? 성품에 기반을 둔 성공이 아니라면, 하나님은 반드시 그 성공을 언젠가 거둬들이신다.

리더십의 대가인 존 맥스웰(John Maxwell)은 《리더의 조건》(비즈니스북스, 2012)에서 리더십의 자질로 성품을 첫 번째로 손꼽는다. 성품은 나무의 뿌리 같은 것이다. 나무의 생명은 뿌리에 있다. 뿌리가 약하면 나무는 지탱할 힘이 없어진다. 성품이 좋지 않은 사람은 자라다가도 결국 뿌리가 얕아 비바람에 이내 쓰러지고 마는 것이다. 하지만 꾸준히 성품의 뿌리를 내린 사람들은 성공을 잘 유지하는 것을 볼 수 있다. 마이클 조던의 아버지의 이야기에 귀 기울여 보자.

"역사상 가장 뛰어난 농구 선수로 평가받는 마이클 조던에게는 대학 시절 딘 스미스라는 위대한 스승이 있었다. 조던의 아버지 제임스 조던은 아들을 성공시킨 공을 스미스의 리더십으로 돌린다. 그는 1993년, 조던이 시카고에서 플레이오프 게임을 하기 전에 이렇게 이야기했다.

'스미스 감독은 조던에게 농구 실력을 키우고 더 발전시키는 것을 도와주었을 뿐 아니라, 그보다 더 중요한 것은 조던이 좋은 성품을 갖도록 단련시켜 주었다는 것입니다. 나는 조던이 다른 선수들에 비해서 더 많은 농구 기술을 배웠다고는 생각하지 않습니다. 하지만 위대한 선수가 되려면 기술 외에도 좋은 성품을 지니고 있어야 하는데, 노스캐롤라이나 대학에서 그 2가지를 결합

시킬 수 있었다고 합니다. 아마 지금의 마이클 조던을 있게 한 것이라고 설명할 수 있겠지요'"

~

우리 삶의 역할 모델이신 예수님을 닮은 성품이란 어떤 것일까? 좀 더 구체적으로 말하면 갈라디아서 5장에 나오는 성령의 열매(사랑, 희락, 화평, 오래 참음, 자비, 양선, 충성, 온유, 절제)일 것이다. 성령의 열매는 사실 9개가 아니라 1개인데, 그것은 다름 아닌 예수님의 성품이다. 9개는 그 성품의 모습들이다.

나는 이 9개의 모습을 가진 성품의 열매를 맺게 하는 근본적인 성품의 토양이 있다고 생각한다. 그 토양은 '정직'과 '성실'이다. 영어에는 이 두 단어를 하나로 합친 멋진 단어가 있는데, 바로 'integrity'다. 이는 'integer'(정수, 즉 갈라지지 않는 수)에서 파생된 단어로 마음이 갈라지지 않은 상태를 의미한다. 쉽게 말하면 두 마음이 아니라는 말이다. 여기 붙었다가 저기 붙었다 하는 기회주의자나 야곱처럼 거짓으로 자신을 속이고 남을 속이는 잔머리의 사람이 아니라는 말이다. 약삭빠른 기회주의자 야곱은 얍복 강가에서 브니엘의 영광을 맛본 후 이스라엘이라는 새로운 이름을 얻고 새롭게 되었다. 그는 새로운 성품의 사람으로 변화되었다. 이처럼 하나님의 얼굴을 본 사람은 반드시 마음이 변하고 성품이 변하게 된다.

예수님을 닮기 원한다면

날마다

예수님을 바라보라.

결국 성품이 변하는 길은 주의 얼굴을 바라보는 것이다. 너대니얼 호손(Nathaniel Hawthorne)의 단편 소설《큰 바위 얼굴》에서 큰 바위 얼굴을 동경하며 날마다 그 바위를 쳐다보며 자란 어니스트는 마침내 큰 바위 얼굴을 닮은 사람이 된다. 마찬가지로 그대가 예수님을 닮기 원한다면 날마다 우리의 역할 모델이신 예수님을 바라보면 된다. 부부가 서로 닮아 가는 것도 매일 서로를 바라보고 살기 때문이 아닌가!

성품이 변하는 것은 습관에 달려 있다. 성품은 하루아침에 이뤄지는 것이 아니다. 마태복음 25장의 달란트 비유에서 주인이 종에게 주는 달란트는 선물이고 선택이 아니지만, 종이 그 달란트로 무슨 장사를 어떻게 할 것인지는 성품에 따른 선택이다. 착하고 충성된 종이 될 것인지, 악하고 게으른 종이 될 것인지는 자신의 선택에 달려 있다.

그대가 매 순간 내리는 선택을 통해 그대의 성품이 빚어질 것이다. 그대가 거짓말을 밥 먹듯이 한다면 그대는 거짓말쟁이가 될 것이다. 그대가 오늘 일을 내일로 차일피일 미룬다면 게으름이 그대의 성품이 될 것이다. 성품이란 오늘의 작은 선택으로부터 시작되어 하루하루의 선택이 쌓이고 쌓여 만들어진 그대 자신이다. 작은 거짓말을 선택할 것인지, 작은 정직을 선택할 것인지, 한 달란트에 최선을 다할 것인지 아닌지를 선택해야 한다.

~

그대가 아무리 많은 재능을 가지고 있다고 해도 성품이 뒷받침되지 않는다면 큰 실패를 경험할 것이다. 《성공 증후군》(The Success Syndrome)의 저자이자 하버드 의대 심리학자인 스티븐 버글래스(Steven Berglas)는 엄청난 성취감을 얻었다고 해도 그것을 지탱할 기본적인 성품이 없다면 파멸로 향하게 된다고 말한다. 그렇다. 언제나 성공보다 중요한 것은 성품이다. 하나님이 그대를 부르시고 구원하시는 목적은 그대의 성공에 있지 않고 성품에 있다. 성취할 목록을 챙기기 이전에 항상 그대 자신의 내면을 먼저 들여다볼 줄 알아야 한다.

"나는 자신과의 약속을 잘 지키고 있는가? 사람들과의 약속을 잘 지키고 있는가? 내게 맡겨진 일에 최선을 다하고 있는가? 아무도 보지 않는 곳에서 나는 무슨 생각을 하는가?" 이런 질문을 매일 스스로에게 던지며 살아야 한다. 거목이 하루아침에 자라지 않듯이 성품 좋은 사람도 하루아침에 탄생하지 않는다. 성품은 반복적인 훈련과 습관을 통해서 아름답게 빚어진다.

하나님은 사람마다 독특한 성격을 주셨다. 그리고 청춘이야말로 아직 다듬어지지 않은 원석들이다. 그대만의 독특한 성격이 잘 다듬어지면 그대라는 아름다운 보석으로 빛날 것이다.

시편을 보면, 다윗은 악인들이 활개 치는 세상을 살아가면서 모든 것을 아시는 하나님께 자신을 살펴달라고 기도하며 성품을 다듬어 간다.

하나님이여 나를 살피사 내 마음을 아시며 나를 시험하사 내 뜻을 아옵소서 내게 무슨 악한 행위가 있나 보시고 나를 영원한 길로 인도하소서(시 139:23-24).

바로 이것이 다윗이 하나님의 마음에 합한 자라는 평가를 들은 이유라고 생각한다. 다윗은 완벽한 사람이어서가 아니라, 하나님 앞에서 늘 자신을 점검했던 사람이기에 하나님 마음에 합한 사람으로 크게 쓰임 받은 것이다. 아무리 악인이 괴롭히고 삶에 거친 파도가 닥쳐도 좋은 성품의 사람은 흔들리지 않는다. 넓은 바다는 작은 파도에 부서지지 않듯이 성품의 사람은 삶의 작은 파도에 흔들리지 않는다.

인생길을 바르게 가고 싶은가? 예수님을 닮은 고귀한 삶을 살고 싶은가? 하나님의 마음에 합한 자로 쓰임 받고 싶은가? 행복한 삶을 원하는가? 영혼의 의사 되신 하나님께로 나아가 그대의 영혼을 날마다 점검하라. 하나님 앞에서 정직하고 성실한 성품의 사람이 되어라. 좋은 성품의 나무에서 아름다운 향기를 날리는 꽃을 피우고, 행복한 성령의 열매를 많이 맺으라. 그래서 많은 사람들에게 그리스도의 향기와 성령의 열매를 많이 나눠 주는 행복한 사람이 되기를 진심으로 축복한다.

행복 큐티   베드로후서 1장 1-11절

◐ 하나님이 우리에게 주신 것들은 무엇인가?(3-4절)

◐ 하나님이 우리를 부르시고 우리에게 보배롭고 지극히 큰 약속을 주신 목적은 무엇인가?(4절)

◐ 하나님의 부르심과 택하심을 굳게 하기 위해서 가장 먼저 필요한 것은 무엇이라고 생각하는가?(2, 4, 8절)

◐ 하나님의 부르심과 택하심을 굳게 하는 사람들에게는 어떤 축복이 기다리고 있는가?(11절)

◐ 베드로가 그리스도인의 성화에서 필요한 것이라고 말하는 7개의 덕목을 찾아서 적어 보라(5-6절). 그대에게 가장 부족한 것은 무엇인지 생각해 보고, 그 덕목을 성장시키기 위해 무엇을 실천할지를 생각하고 적어 보라.

part four

광야는
정거장일
뿐이다

광야는 종착역이 아니라 정거장이다

은혜는 추운 겨울에 제일 잘 자란다.

새뮤얼 러더포드

우리는 성경에 나오는 출애굽의 드라마를 알고 있다. 이스라엘의 출애굽의 모습을 요약하면 이렇다.

"애굽의 종살이로부터 해방되어 자유인이 되었다. 홍해를 건넜다. 광야를 통과한다. 때로 물이 없어 목이 마르다. 고기가 없어 배고프다. 그러다 보니 자꾸만 짜증이 난다. 그런데 목이 마르면 물이 내 앞에 놓인다. 고기가 없으면 고기가 내 앞에 보인다. 더구나 매일의 일용할 양식이 늘 있다. 신기하다. 먹고사는 것 때문에 힘들지만 그래도 난 아직 살아 있다."

이것이 출애굽한 이스라엘 백성들의 삶의 모습이었다. 그들은 애굽을 나와 일주일이면 갈 수 있는 가나안을 눈앞에 두고도 우회하여 광야에서 무려 40년이라는 세월을 고난 가운데 지내야 했다. 내 고집대로 사는 인생이 아니라 철저히 하나님만 의지하는 삶으로 부르심을 받은 것이다. 그곳이 광야다. 그대가 그리스도인이라면 하나님은 반드시 그대도 이 광야학교로 입학시키신다.

신명기 8장을 보면 광야가 필요한 이유 세 가지가 나온다.

~

광야는 그대를 겸손케 한다

> 네 하나님 여호와께서 이 사십 년 동안에 네게 광야 길을 걷게 하신 것을 기억하라 이는 너를 낮추시며 너를 시험하사 네 마음이 어떠한지 그 명령을 지키는지 지키지 않는지 알려 하심이라 너를 낮추시며 너를 주리게 하시며 또 너도 알지 못하며 네 조상들도 알지 못하던 만나를 네게 먹이신 것은 사람이 떡으로만 사는 것이 아니요 여호와의 입에서 나오는 모든 말씀으로 사는 줄을 네가 알게 하려 하심이니라(신 8:2-3).

이스라엘은 오랜 세월의 종살이 속에서 겸손한 사람들이 되었을까, 아니면 교만한 사람들이 되었을까? 신기하게도 교만한 사람들이 되어 있었다. 노예 생활을 오래 했으면 주인이 시키는 일을 잘 하는 겸손함이 몸에 배어 있을 것 같은데, 출애굽한 이스라엘 백성들의 광야에서의 모습을 보면 겸손함이 배어 있지 않다. 출애굽이라는 전적인 하나님의 은혜를 덧입은 이스라엘은 출애굽하고 홍해를 건넌 지 3일 만에 물이 없다고 불평을 한다. 또 조금 지나서는 고기가 없다고 원망하면서 죽고 싶다고 이야기한다.

신정정치 시절에 하나님이 세우신 지도자인 모세를 신뢰하지 못한 이스라엘의 모습은 하나님이 보시기에 분명 겸손한 모습은 아니었다. 이스라엘은 출애굽했지만, 출애굽을 완강하게 거부했던 바로 왕 못지않게 목이 뻣뻣한 백성들이었다. 자신들의 의견을 굽힐 줄 몰랐다. 자신들의 뜻이 관철되지 않으면 막무가내로 나오는 고집불통 스타일이었다. 인내심이나 겸손을 찾아보기가 힘든 모습이다. 이것은 어쩌면 예수를 믿고도 여전히 옛 사람에 속해서 자기 욕심에 끌린바 되어 살아가고 있는 우리의 모습이다.

오랜 세월 동안 노예 생활을 하면서 자존심이 무너지고 분노가 마음에 쌓일 대로 쌓인 이스라엘 사람들은 출애굽한 후 이제 자유의 몸이 되어서 내 마음대로 내가 꿈꾸는 방식의 삶을 살 수 있으리라 기대했다. 그들이 기대하는 가나안은 애굽처럼 좋은 환경이었다. 그들은 애굽 스타일이나 가나안 스타일을 꿈꿨지, 광야 스타일을 꿈꾸지는 않았다. 그런데 그들의 그런 기대치는 광야에서 산산조각 나 버렸다. 광야는 그들이 원하지 않는 라이프 스타일이었다. 고생을 좋아하는 사람이 누가 있겠는가?

그럼에도 하나님은 이스라엘을 광야로 불러내셨다. 그들이 아무것도 없는 광야를 걸으면서 자신의 힘으로는 할 수 있는 것이 아무것도 없음을 깨닫게 하셨다. 애굽에서는 비록 종이긴 해도 자신의 힘으로 돌이라도 나르면서 피라미드를 짓고, 자신의 노동력을 통해 무언가를 이루기라도 했지만, 광야에서는 자신이 할 수 있는 것이라고는 걷는 것 한 가지뿐이었다. 음식을 만들기 위해 양파 하나도 썰 수 없는 상황이었다. 할 수 있는 것이 아무것도 없는 'nothingness'를 경험한 것이다.

그대에게 혹시 이런 적이 없었는가? 하나님이 내 인생에 방해나 놓지 않았으면 좋겠다면서 자기중심적인 생각으로 미래를 계획하고 추진하고 살다가 모든 것이 산산조각 난 적이 없었는가? "아, 진짜 나는 아무것도 아니구나. 나는 참, 나밖에 모르고 살았구나. 하나님은 저 변두리에 계셨구나"라고 깨달은 광야의 모멘트가 없었는가? 우리는 죄인이기 때문에 'nothingness'를 경험해야만 하나님을 바라보게 된다. 심령이 가난해야만 천국이 보인다.

광야는 바로 그런 곳이다. 하나님은 아무것도 없는 무(無)의 광야에서 우리의 영혼이 무(無)가 되기를 기대하신다. 하나님은 우리 스스로는 먹을 것을 구할 수도 없고, 마실 물도 없고, 영혼을 채울 그 어떤 능력과 방법도 없는 'nothingness'를 경험하게 하심으로써 우리가 오직 하나님 한 분만을 바라보게 하신다.

겸손은 결심하고 스스로를 낮추는 것이 아니라, 하나님을 바라볼 때 낮아질 수밖에 없는 상태를 말한다. 하나님을 바라보지 않

는 사람은 겸손한 사람이 아니다. 사람들에게 드러나지 않은 숨은 교만이 그 속에 항상 도사리고 있다.

예나 지금이나 우리를 낮추시는 하나님의 방법은 광야를 걷게 하는 것이다. 가도 가도 끝이 없는 막막한 길을 걷게 하는 것이다. 사막의 모래보다도 못한 것 같은 자신의 인생에 회의가 들 정도로 자존심이 무너지는 곳이 광야다. 신기한 사실은, 자존심이 무너져야 자존감이 회복된다는 사실이다. 자기를 부인하면 자기를 얻고, 자기를 잃으면 자기를 얻고, 생명을 잃고자 하면 얻게 된다고 하신 예수님의 역설은 언제나 진리다.

그대는 살아오면서 하나님 앞에서 자존심이 상한 적이 있는가? 나는 있었다. 신학교 시절에 박사 진학에 두 번이나 떨어지면서 내 자존심은 그야말로 바닥으로 추락했다. 하나님이 내게 왜 이러시는지 야속하고, 속이 많이 상했던 기억이 난다. 나 자신의 부족함을 돌아보지는 않고 무턱대고 지도 교수를 원망하고 하나님을 원망했다. 그렇게 자존심이 무너지면서 하나님 앞에서 겸손을 배우게 되었다. 그때가 나의 미국 유학이라는 광야 생활 가운데서도 가장 잊지 못할 추억의 순간 중 하나다. 내가 그때 겸손을 배우지 못했다면 목회로 부르심을 받지 못했을 것이다. 지금은 광야를 걸었던 그 시간들이 너무 감사하게 여겨진다.

그렇다. 하나님의 낮추심은 절대로 우리를 무너뜨리는 것이 아니다. 오히려 우리를 세우는 것이다. 새로운 집을 짓기 위해서는 옛집을 허물어야만 하듯이, 우리의 옛 본성으로는 절대로 가나안에 들어갈 수 없다. 우리가 광야를 통과하며 낮아질 때 하나님은 반드시 우리를 새사람으로 빚으시고 가나안으로 들이신다. 광야는 결코 무의미한 시간이 아니다. 내가 겸손해지는 너무나 값진 시간이다. 그대가 통과하고 있는 광야의 무대에서 불평과 원망으로 죽어 가는 삶이 아니라, 겸손히 주님만을 바라보는 믿음의 삶이 되기를 소망한다.

~

광야는 하나님의 순종 테스트다

네 하나님 여호와께서 이 사십 년 동안에 네게 광야 길을 걷게 하신 것을 기억하라 이는 너를 낮추시며 너를 시험하사 네 마음이 어떠한지 그 명령을 지키는지 지키지 않는지 알려 하심이라(신 8:2).

네 조상들도 알지 못하던 만나를 광야에서 네게 먹이셨나니 이는 다 너를 낮추시며 너를 시험하사 마침내 네게 복을 주려 하심이었느니라(신 8:16).

하나님은 사람을 시험(test)하시는 분이다. 하나님은 아담에게 선악과를 따 먹지 말라고 에덴동산에서 시험하셨고, 아브라함에게 이삭을 바치라고 모리아 산에서 시험하셨고, 욥에게 고통을 이겨 내도록 집에서 시험하셨고, 인간 예수에게 유혹을 이겨 내라고 광야에서 시험하셨다. 아담을 제외하고 모두 시험에 성공했다.

재미있는 사실은 하나님은 사탄의 시험(temptation) 또한 그분의 시험(test)의 도구로 삼으신다는 사실이다. 하나님은 사탄의 시험을 허용하신다. 이는 하나님 편에서도 위험한 모험이 아닐 수 없다. 그럼에도 불구하고 하나님은 사탄, 사람, 환경, 사건 등을 통해 여러 가지로 우리를 시험하신다.

하지만 그대가 꼭 기억해야 할 것이 있다. 사탄의 시험은 그대에게 고통(misery)을 초래하지만 하나님의 시험은 그대에게 기적(miracle)을 초래한다는 것이다. 이러한 여러 가지 시험을 치르는 사람은 바로 나 자신이다. 대리 시험이 불가능하고, 시험 날짜를 연기하는 것도 불가능하다.

하나님의 테스트는 한마디로 순종 테스트다. 아담에게도 그랬고, 아브라함에게도 그랬고, 욥에게도 그랬고, 인간 예수에게도 그랬다. 하나님을 경외하고 그분의 말씀에 순종하는 것이 인생의 마땅한 도리임을 깨닫게 하시는 것이다. 하나님은 광야의 이스라엘 백성들에게 철저한 순종을 요구하셨다. 광야에서 중요한 것은 먹는 것이 아니라 하나님을 경외하는 것이었다. 만나를 먹으며 하나님의 말씀에 순종하는 법을 배우는 것이었다.

광야의 이스라엘 백성이나 현대의 그리스도인들이나 하나님의 말씀보다는 떡에 더 큰 관심을 갖고 있는 것 같다. 예수님은 광야에서 돌로 떡을 만들어 먹으라는 유혹을 사탄으로부터 받으셨다.

이때 신명기 8장 3절 말씀을 인용하셔서 하나님의 말씀에 순종하며 사탄의 시험을 이기셨다.

> 사람이 떡으로만 살 것이 아니요 하나님의 입으로부터 나오는 모든 말씀으로 살 것이라.

순종은 믿음과 더불어 동전의 양면을 이루고 있다. 우리가 예수를 믿는다고 말하면서 순종하지 않는다면 야고보의 말처럼 우리의 믿음은 죽은 믿음이다. 하나님은 우리의 믿음을 업그레이드하시기 위해 광야의 여정 동안 우리를 시험하신다. 우리가 순종이 제사보다 낫다는 사실을 깨닫기를 원하신다. 인생의 힘은 떡보다 말씀에 있다는 사실을 우리의 뼛속까지 각인시키기를 원하신다.

광야를 뜻하는 히브리어 단어인 '데바르'는 '말씀하신다'는 뜻의 '다바르'라는 단어와 어근이 같다. 광야는 하나님이 말씀하시는 곳이다. 그래서 광야에는 로드맵도, 내비게이션도, 나침반도 없다. 오직 말씀만 존재한다. 말씀이 유일한 나침반이다. 광야에는 길이 없다. 하나님의 말씀의 내비게이션을 따라 걸으면 그것이 길이 된다. 말씀만이 길인 것이다.

우리는 항상 잊지 말아야 한다. 광야는 먹고사는 것에 집중하는 곳이 아니라 하나님의 말씀을 듣고 순종하는 곳이다. 그리스도인이라면 떡보다 말씀, 탐욕보다 순종으로 하나님을 경외하는 삶을 이 땅의 광야 같은 세상 속에서 살아가야 한다.

광야는 하나님의 축복이다

광야는 비록 사람이 살아가기에는 척박한 땅이었지만, 하나님
의 기적을 봄으로써 보이지 않는 하나님을 볼 수 있는 축복의 땅
이었다.

> 네 하나님 여호와께서 너를 아름다운 땅에 이르게 하시나니 그곳
> 은 골짜기든지 산지든지 시내와 분천과 샘이 흐르고 밀과 보리의
> 소산지요 포도와 무화과와 석류와 감람나무와 꿀의 소산지라 네
> 가 먹을 것에 모자람이 없고 네게 아무 부족함이 없는 땅이며 그
> 땅의 돌은 철이요 산에서는 동을 캘 것이라 네가 먹어서 배부르고
> 네 하나님 여호와께서 옥토를 네게 주셨음으로 말미암아 그를 찬
> 송하리라(신 8:7-10).

신실한 그리스도인들의 간증은 대부분 광야에서의 이야기다.
광야에서 우리는 살아 계신 하나님을 깊이 만난다. 우리의 영성
이 깊어지고 신앙이 높이 자란다. 욥의 인생이 그렇지 않은가? 홀
로 광야를 걸은 욥은 결국 귀로만 듣던 신앙에서 눈으로 보는 신
앙으로 성장했다.

다윗의 삶도 마찬가지다. 다윗의 시편 가운데 가장 유명한 23
편은 광야에서 쓰인 시라고 알려져 있다.

"여호와는 나의 목자시니 내게 부족함이 없으리로다."

이 고백은 좋은 환경에서, 인생의 절정의 순간에서 터트린 고백이 아니라 광야에서 터트린 신앙 고백이다.

시편 기자가 "하나님께 가까이함이 내게 복이라"(시 73:28)고 고백한 것처럼, 이스라엘은 광야에서 친밀하게 동행하시는 하나님을 가장 가까이에서 경험하는 복을 누렸다. 광야는 하나님의 임재하심을 성막을 통해 보고, 하나님의 말씀하심을 모세를 통해 듣고, 하나님의 공급하심을 만나를 통해 체험하고, 하나님의 보호하심을 구름기둥과 불기둥으로 경험한 곳이 아닌가? 이보다 더 큰 축복이 어디 있단 말인가?

하나님의 축복의 법칙은 언제나 동일하다. 하나님은 신령한 복들을 먼저 경험하게 하신 후에 육적인 복을 주신다. 광야를 걸으며 영적인 복을 체험하게 하신 후에 마침내 가나안의 물질의 복을 주신다(신 8:16). 따라서 우리는 항상 육적인 복보다 신령한 복을 먼저 사모해야 한다.

~

나에게는 미국 유학이 인생 광야의 시작이었다. 뉴욕의 지하 단칸방에 살면서 고생스러운 유학 생활을 보내야만 했다. 그야말로 춥고 외로운 광야였다. 미국이 가나안인 줄 알았지만 우리 부부에게는 광야였다. 하지만 오히려 그때 하나님을 깊이 만나는 축복을 경험했다. 하나님의 임재하심, 말씀하심, 공급하심, 보호하심을 체험했다. 살아 계신 하나님의 크고 작은 기적을 생생하게 체험했다.

광야는 겪어 봐서 알지만 힘들다. 우리를 지치게 한다. 광야에는 길이 없고 예측이 불가능하다. 하지만 그게 전부는 아니다. 길이 없다는 것은 길을 만들어 낼 수 있는 기회라는 말이다. 예측할 수 없다는 것은 하나님의 인도하심이 있다는 말이다. 광야는 예측할 수 없는 하나님의 은혜를 맛보는 장소다. 만나라는 음식을 누가 어떻게 생각하고 만들어 낼 수 있겠는가?

아무리 똑똑한 사람도 자신의 미래의 삶을 예측할 수 없다. 한 치 앞도 모르는 것이 그대의 현실이 아닌가? 미래를 생각할 때마다 답답하고 막막한가? 길이 보이지 않는가? 앞이 보이지 않는 끝도 없는 광야에 홀로 서 있는 느낌인가? 그러나 광야에도 바람은 분다. 공기를 마시며 그대가 살아 있음을 느끼라. 그대의 하나님은 그곳에서 함께하신다. 그대는 결코 혼자가 아니다. 잊지 마라. 광야는 결코 끝이 아니다. 광야는 인생의 종착역이 아니라 거쳐 가는 정거장일 뿐이다. 그대는 광야에서도 행복할 수 있다!

행복 큐티   신명기 8장 1-10절

◗ 하나님이 그대를 낮추신 광야 시절을 떠올려 보라. 그때 무엇을 깨달았는지 적어 보라.

◗ 하나님이 그대에게 주신 시험 중에 기억에 남는 시험은 어떤 것인지 적어 보라.

◗ 광야에 있을 때 특히 집중해야 하는 것은 무엇인가?(3절)

◗ 광야 같은 어려운 환경에서, 그리고 가나안 같은 좋은 환경에서 한결같이 행복을 누릴 수 있는 것은 어디에 달린 것 같은가?

행복 영상   용욱이의 편지

외로움을 고독으로 승화시키라

외로움은 내적인 공허함이고, 고독은 내적인 만족함이다.
리처드 포스터

인간의 실존은 외로움이다. 사람은 결국 홀로 이 세상에 왔다
가 홀로 이 세상을 떠나게 된다. 그런데 사람들은 혼자 있는 시간
을 즐기기도 하지만 혼자라는 것을 두려워하기도 한다. 혼자 있
을 때 마음이 약해지는 경우가 있다. 나이가 들면 더 외로움을 타
는 것이 인간이다. 그래서 인간의 실존인 외로움을 잘 다루는 삶
의 기술을 터득해야만 행복한 삶을 살 수 있다. 특히 자기중심적
이고 개인주의적인 현대의 문화 속에서 살아가는 우리에게는 더
욱 그렇다.

가벼운 외로움을 달래는 실제적인 방법 몇 가지만 간단히 소개하면, 우선은 땀을 흘리는 것이 좋다. 우유를 배달시켜 먹는 사람보다 우유를 배달하는 사람이 더 건강하다는 말이 있다. 피트니스센터를 지은 사람보다 그곳에 다니는 사람이 더 건강한 법이다. 마음의 건강은 몸과 직결되어 있다. 몸이 피곤하면 마음도 피곤하고, 마음이 피곤하면 몸도 피곤하다. 땀을 흘리면 몸만 건강해지는 것이 아니라 마음도 건강해진다. 우리의 몸이 성전이라는 사실을 기억할 필요가 있다.

또 다른 방법으로 외로울 때는 손을 움직이라. 메모를 하거나 글을 쓰는 것이 도움이 된다. 매일 일기를 쓰는 것은 더욱 좋은 일이다. 하루에 있었던 좋은 일과 감사한 일들을 적는 것은 외로움을 달래는 데 큰 효과가 있다.

마지막으로 추천하고 싶은 것은 여행이다. 여기서 말하는 여행은 관광과 다르다. 여행객(traveller)과 관광객(tourist)은 다르다. 여행은 자신과의 만남의 시간이고, 관광은 건물과의 만남인 경우가 많다. 외로울 때 홀로 떠나는 여행의 목적은 'travel'이 되는 것이 좋다.

여행은 견문을 넓힌다고 하는데, 그것은 곧 세상을 바라보는 시각뿐 아니라 나 자신에 대한 시각도 넓히는 것을 의미한다. 낯선 이들의 삶 속에서 내가 현재 누리고 있는 것들의 소중함을 깨닫기도 하고, 내 곁에 있는 사람들의 소중함을 새삼 발견하게 된다. 가족들의 얼굴이 떠오르기도 하고 사랑하는 사람들이 그리워지기도 한다. 특히 여행이 고생스러울수록 내 삶의 가치를 더욱 절감하게 된다. 한 번의 여행이 인생을 통째로 바꿔 놓는 경우도 심심치 않게 있다. 한 번의 단기 선교가 평생의 헌신으로 연결되는 경우도 자주 보게 된다.

여행 속의 수많은 만남 속에서 우리는 비로소 자신을 만나게 된다. 잃었던 꿈도 회복하게 되고 삶의 소중함도 다시 느끼게 된다. 여행은 낯선 곳에서 좀 더 객관적으로 자신을 만나는 시간이라는 점에서 외로운 자신에게 줄 수 있는 좋은 선물이다.

그런데 문제는 이러한 방법으로도 잘 해결되지 않는 깊은 외로움이 있다는 것이다. 깊은 외로움에 빠져 있는 사람들에게 말해 주고 싶은 것이 두 가지 있다.

~

외로움은 현실이다. 마음껏 울어라

먼저 외로움이나 고독감은 나쁜 감정이 아니라 정상적인 감정이다. 외로움의 감정은 분노, 슬픔, 기쁨 같은 다른 감정들처럼 인간이라는 존재 안에 살아 있는 지극히 정상적인 감정이다. 나만 외로운 것이 아니라는 말이다. 외로울 수밖에 없는 인간의 실존을 받아들이는 것이 외로움에 대처하는 가장 기본적인 자세다. 어느 날 지독한 외로움을 느끼게 된다면 안심하라. 그대에게도 모두에게 다가오는 바로 그 순간이 온 것뿐이다. 가을을 타고 있어서 그럴 수도 있고, 봄을 타서 그럴 수도 있고, 사계절을 다 타서 그럴 수도 있다.

사람의 기질에 따라서 차이도 분명히 있겠지만, 보다 근본적으로 아담의 타락으로 인해 하나님을 떠난 모든 사람은 하나님 안에 거하지 않을 때 외로움과 공허함을 느끼게 마련이다. 이 땅은 완성된 천국이 아니기 때문에 현실에서 여전히 외로움과 싸워야한다. 그 누구도 이 외로움의 현실을 피할 수 없다.

작가 헤르만 헤세는 "고독을 받아들이는 것이 지혜로 가는 길이다. 사람이 고독 앞에 서지 않으면 지혜로울 수 없다"고 말했다. 신비롭게도 인간은 고독을 통해 지혜로워지고, 고독을 통해 깊어진다. 고독을 통해 인간을 이해하고, 고독을 통해 고통 당하는 사람들의 마음을 느끼게 된다. 이것이 고독의 역설이다.

정호승 시인은 〈수선화에게〉라는 시에서 외로움을 노래했다.

울지 마라.
외로우니까 사람이다.
살아간다는 것은 외로움을 견디는 일이다.
공연히 오지 않는 전화를 기다리지 마라.
눈이 오면 눈길을 걸어가고
비가 오면 빗길을 걸어가라.
갈대숲에서 가슴 검은 도요새도 너를 보고 있다.
가끔은 하느님도 외로워서 눈물을 흘리신다.
새들이 나뭇가지에 앉아 있는 것도 외로움 때문이고

네가 물가에 앉아 있는 것도 외로움 때문이다.
산 그림자도 외로워서 하루에 한 번씩 마을로 내려온다.
종소리도 외로워서 울려 퍼진다.

정호승 시인은 "살아간다는 것은 외로움을 견디는 일이다"라고
말한다. "가끔은 하느님도 외로워서 눈물을 흘리신다"라는 표현
은 참 아름다운 시적 표현이라고 생각한다.

예수님의 지상에서의 삶은 고독한 삶 그 자체였다. 성경은 예
수님의 웃는 모습을 기록하지 않았다. 물론 예수님의 언어 속에
는 유머가 담겨 있다. 예수님 안에는 세상이 줄 수 없는 기쁨이
있었다. 그러나 성경은 예수님의 웃는 모습보다는 예수님의 눈
물을 기록하고 있다. 또한 예수님이 외로워하신 모습을 기록하고
있다. 완전한 하나님이시지만 인간이셨던 예수님도 고독하셨다.
예수님의 "인자는 머리 둘 곳도 없다"고 하신 말씀 속에 예수님의
고독이 담겨 있다. 예수님도 고독이라는 차디찬 이 땅의 현실을
인정하셨다.

시편 102편에도 외로움에 관한 시인의 호소가 나온다. 고통과
외로움의 현실 속에서 시인은 눈물을 흘린다.

내 날이 연기같이 소멸하며 내 뼈가 숯같이 탔음이니이다 내가 음
식 먹기도 잊었으므로 내 마음이 풀같이 시들고 말라 버렸사오며
나의 탄식 소리로 말미암아 나의 살이 뼈에 붙었나이다 나는 광야
의 올빼미 같고 황폐한 곳의 부엉이같이 되었사오며 내가 밤을 새

우니 지붕 위의 외로운 참새 같으니이다(시 102:3-7).

　　이스라엘의 폐허 속에서 자신의 삶 또한 바닥을 치고 있는 순
간에 터져 나온 깊은 외로움과 고통의 절규다. 시인은 자신의 외
로움을 하나님께 솔직히 이야기하고 있다. 적나라하게 자신의 감
정을 다 드러내고 눈물을 흘리며 고백하고 있다.
　　하나님은 외로움에 대한 치유책으로 눈물을 우리에게 선물로
주셨다. 그래서 뼛속까지 외로울 때는 우는 것이 상책이다. 눈물
은 우리의 영혼을 치유하는 큰 힘을 가지고 있다. 우리의 삶을 혼
돈으로 몰아넣는 파괴적인 외로움과 우울감을 좋은 감정으로 바
꿔 주는 키는 눈물이다. 억지로라도 웃는 것이 건강에 좋듯이, 억
지로라도 우는 것이 정신 건강에 좋다. 아이러니하게도 우울증이
있는 사람들은 잘 울지 않는다. 외로워도 슬퍼도 울지 말라는 캔
디 강박증은 우리의 삶을 오히려 더 힘들고 지치게 만든다. 강한
척할 필요 없다. 우리는 약해질 때 비로소 다시 강해질 수 있다.
　　눈물에는 치유의 힘이 있다. 눈물은 안구를 정화시켜 줄 뿐 아
니라 우리의 마음을 정화시켜 준다. 아프고 힘들고 외로울 때 마
음껏 울어라. 그러면 비 온 뒤 떠오르는 무지개처럼 영혼에 무지
개가 생길 것이다. 좋은 음악을 듣고 좋은 영화를 보고 좋은 수필
이나 시집을 읽는 것도 좋은 일이다. 나의 영혼이 정화되면 다른
이들이 내게 기대어 올 수 있게 어깨를 내줄 수 있을 것이다.
　　피도 눈물도 없는 사람이 되어선 안 된다. 울 줄 모르는 자는

울고 있는 자들의 마음을 이해하지 못할 뿐 아니라 그들을 치유할 힘이 없다. 우리는 바울의 말처럼 즐거워하는 자들과 함께 즐거워하고 우는 자들과 함께 울어야 한다(롬 12:15). 예수님도 이스라엘 백성을 보시며 긍휼의 마음을 가지셨고, 나사로의 죽음 앞에서는 눈물을 흘리셨다.

외로움의 현실을 받아들이고, 눈물이 나면 마음껏 울어라. 외로움이 눈물에 씻겨 내려갈 것이다.

고독력을 키우고 창조적인 홀로움을 연습하라.

《고독력》(이레, 2004)의 저자 다카나가 노부유키는 혼자 있을 수 있는 힘을 '고독력'이라고 부른다. 외로움을 극복하기 위해서는 혼자 있을 수 있는 힘, 즉 고독력부터 키워야 한다. 인생의 성공도 결국 혼자 있는 시간을 어떻게 보내느냐에 달려 있기 때문이다. 한 사람의 인격도 사실 혼자 있을 때 드러나는 법이다. 혼자 잘 있을 수 없는 사람은 다른 사람과도 잘 지낼 수 없다. "아무도 보는 이 없을 때 당신은 누구인가?"라는 책 제목처럼 우리는 사람들 속에 있는 "나"가 아니라 혼자 있는 나의 모습에 관심을 기울여야 한다.

외롭다는 말은 독일어로 'einsam'이라고 하는데 자기 자신과 하나 되는 것을 의미한다. 외로움은 나 자신을 바라보는 기회의 시간이다. 사람들의 무리 속에서는 나 자신을 제대로 발견하기가 어렵다. 사람들의 평가에 나 자신을 높이기도 하고 낮추기도 하기 때문이다. 하지만 혼자만의 시간 속에서는 나 자신을 좀 더 냉철하게 평가해야 한다. 결국 인생의 마지막 싸움은 사탄과의 싸움도, 적과의 싸움도 아닌 나 자신과의 싸움이기 때문이다. 나 자신을 넘어서지 못하면 결코 다른 그 어떤 것도 넘어설 수 없다.

혼자 있는 시간은 수많은 선택의 시간이다. 말 그대로 내 마음대로 할 수 있는 시간이다. 그렇기 때문에 혼자 있는 시간을 어떻게 쓰느냐가 인생에 막대한 영향을 끼친다. 그 시간이 파괴적일 수도 있고 창조적일 수도 있기 때문이다.

종교개혁가 루터는 이렇게 고백했다.

"인간은 홀로 있을 때 더 많이, 더 무거운 죄를 짓는다. 하와는 혼자 있을 때 사탄의 유혹에 넘어갔다. 예수가 사탄의 시험을 받은 것도 광야를 홀로 걸을 때였다. 나도 혼자 있을 때 괴로운 시련과 절망에 떨어진 때가 한두 번이 아니다."

사탄은 우리가 홀로일 때 외로움의 감정을 이용해서 우리의 삶을 파괴하기를 원한다. 대개 중독과 우울이라는 양극단으로 외로운 사람을 몰아간다. 외로움에서 빨리 벗어나고자 폭식, 섹스, 술, 마약, 쇼핑, 일, 인터넷, 스마트폰 등에 지나치게 중독된 사람들이 있다. 또 한편으로는 방 안에 혼자 틀어박혀서 아무것도 하지 않고 삶으로부터 도망쳐 버린다. 무기력하고 나태한 생활 패턴으로 우울하게 지낸다. 우울감에 젖어 들고, 우울증이 심각해지다 못해

인
간
은

고독을 통해 지혜로워지고,
고독을 통해 깊어진다.

자살까지 이어지는 안타까운 그리스도인들도 있다. 기질이 우울한 사람은 특별히 혼자 있는 시간을 주의해야 한다. 밝은 음악을 듣고, 밝은 색의 옷을 입고, 밝은 친구를 사귀는 것이 좋다.

사탄의 장난에 놀아나는 이런 파괴적인 외로움을 극복하는 가장 좋은 비결은 창조적인 '홀로움'으로의 모드 변환이다. '홀로움'은 황동규 시인의 시집 《버클리풍의 사랑 노래》에 나오는 신조어인데, 그 뜻은 '홀로+외로움'이다. '혼자 있는 외로움의 환희'를 의미한다. 바울은 감옥 속에서 외로움을 '성경을 쓰는 창조적인 홀로움의 시간'으로 승화시켰다. 혼자 있는 힘, 즉 고독력을 지녔을 뿐 아니라 그 시간을 창조적인 홀로움의 시간으로 사용한 것이다. 고(故) 박완서 작가는 고독의 밑바닥을 치지 않고서는 결코 좋은 글을 쓸 수 없다고 했다. 고독의 시간을 통과해야 위대한 작품이 탄생하는 법이다.

소위 성공한 사람들이나 리더들은 극심한 외로움을 겪을 때가 많다. 언제나 정상은 춥다. 외롭다. 광야에 서 있는 한 그루의 나무처럼 때로 뜨거운 태양 빛에 온몸이 타들어 가는 것 같은 고통을 견뎌야 한다. 매서운 찬바람을 견뎌야 하는 겨울나무처럼 어떤 상황도 견딜 수 있는 의지가 요구된다. 정상에 우뚝 솟은 리더들은 모두 철저한 자기와의 싸움, 절대 고독과의 싸움에서 승리한 고독력을 지닌 사람들이다.

모세가 하나님을 만난 것은 광야에 40년간 홀로 있을 때였다. 모세는 고독력을 키운 사람이다. 야곱이 천사를 만난 것도 홀로 있을 때였다. 다윗은 사울을 피해 도망 다니는 비참한 신세가 되어 아둘람 동굴에 숨어 지낼 때 시편을 기록했다. 엘리야는 홀로 굴에 들어가 있을 때 하나님을 세미한 음성 속에서 만나게 된다. 예수님이야말로 홀로움의 모범을 보여 주셨다. 외로움의 시간을 홀로움의 시간으로 발전시키며 기도로 하나님과 끊임없이 교제하셨다. 예수님도 결국 자신과의 싸움에서 승리한 고독력의 소유자이셨다.

탁월한 영성가인 헨리 나우웬(Henri Nouwen)과 리처드 포스터(Richard Foster)는 외로움을 고독으로 승화시킬 것을 권면한다. 이들이 말하는 고독과 홀로움은 일맥상통하는 것 같다. 리처드 포스터는 외로움과 고독에 대해 이렇게 말한다.

"외로움은 내적인 공허함이고, 고독은 내적인 만족함이다."

외로움은 자신만을 바라보는 시간이지만 고독은 하나님을 바라보는 시간이다. 홀로움은 하나님 앞에서 자신을 들여다보는 성찰의 시간이다. 늘 혼자라고 여겼지만, 나의 내면의 지성소에 임재하고 계신 하나님을 발견하는 거룩한 시간이다. 내면을 하나님의 임재로 채우는 시간이고, 내적인 만족함을 누리는 시간이다. 자아에 대한 잘못된 집착을 버리고 하나님의 사랑으로 채우는 풍요로운 시간이다.

고독의 시간은 절대 고독으로 끝나지 않는다. 시편처럼 참된 고독은 결국 찬송으로 끝난다. 하나님 앞에 홀로 선 존재는 하나님의 사랑을 경험하게 되고, 찬송을 할 수밖에 없는 놀라운 은혜를 맛보게 된다. 찬양사역자인 에이미 그랜트(Amy Grant)의 찬양 가사 중에 이런 가사가 있다.

"나는 외로운 날을 좋아하네. 그날은 나에게 진정으로 하나님 만을 바라보는 기회를 주네."

그대 삶의 절대적인 외로움은 절대자로만 채워질 수 있다. 그 대의 마음속에 난 빈 공간은 오직 하나님으로만 채워질 수 있다. 외로움의 시간을 진정으로 하나님만 바라보는 홀로움의 시간, 고독의 시간으로 승화시켜서 그분의 사랑으로 채워지기를 소망 한다.

행복 큐티   시편 102편 1-18절

⬤ 시인은 현재 자신의 삶의 상황을 어떻게 표현하고 있는지 나열해 보라.(3-9절)

⬤ 영어 성경 NIV는 12절을 "But you, O Lord"라고 시작한다. 이때 부터 시인의 감정과 고백이 달라진다. 그 이유가 무엇이라고 생각 하는가?

⬤ 지금 그대가 느끼고 있는 외로움과 괴로움이 있다면 주님 앞에 쏟아 놓고, 기도하며 나아가라. 주님이 그대를 긍휼히 여기실 것 이다.

⬤ 현재 외로움으로 인해 무언가에 중독되어 있다면, 그 중독에 대해 가까운 사람과 나누고 실제적인 치유의 길을 찾으라.

정의에 대한 굶주림이 있는가

)

평화의 달성은 신을 두려워하는 인간에게 고귀한 작업이다.
그것은 정의의 길이며, 정의는 국민을 높이 선양한다.
J. F. 케네디

하버드대학교 철학 박사이자 프린스턴대학교 초빙교수와 예일대학교 석좌교수를 역임한 세계적인 기독교 철학자 월터스토프(Nicholas Wolterstorff)는 《정의와 평화가 입 맞출 때까지》(IVP, 2007)에서 풍요로운 현대가 안고 있는 불의와 빈곤의 비극을 검토함으로써 그리스도인의 적극적인 사회 참여를 촉구한다. 경제적 불평등, 민족주의, 도시 등에 대한 시대적 고민을 다루면서 이 땅의 그리스도인들이 불의의 시대에 맞서서 가져야 할 태도를 잘 보여 준다.

'정의' 하면 가장 먼저 떠오르는 책이 아마도 아모스서가 아닐

까 싶다. 마틴 루터 킹 목사님이 즐겨 인용하던 성경이기도 하다. 선지자 아모스는 자신이 살아가고 있던 이스라엘의 사회적 타락에 대해 안타까워하면서 그 근본 원인을 두 가지로 분석했다. 바로 우상 숭배와 사회 정의의 부재다.

이스라엘은 우상 숭배만 한 것이 아니라 더불어 하나님께도 예배를 드렸다. 하나님은 이스라엘의 모든 절기와 제사 의식과 찬송을 받지 않겠다고 선포하셨다. 우상숭배자들의 예배를 더 이상 받을 수 없다고 하셨다. 또한 그들의 삶 속에 만연한 불의와 부정에 대해 분노하셨다. 그러면서 하나님은 아모스 선지자를 통해 "오직 정의를 물같이, 공의를 마르지 않는 강같이 흐르게 할지어다"(암 5:24)라고 말씀하셨다. 우상 숭배는 하나님과의 관계에서 잘못한 것이고, 사회적 부정은 사람들과의 관계에서 잘못한 것임을 지적하신 것이다.

성경은 하나님과 바른 관계에 놓이지 않은 것을 '불의'(unright-eousness)라고 하고, 사회와 바른 관계에 놓이지 않은 것을 '부정'(injustice)이라고 한다. 이 불의와 부정의 반대말이 곧 공의와 정의다.

하나님과는 공의의 관계에서, 사회와는 정의로운 관계에서 살아가는 것이 하나님의 백성다운 삶이다. 그리고 성경은 이것이 완벽하게 실현되는 것이 하나님의 나라라고 밝히고, 이 나라의 완성을 '샬롬'이라고 부른다. 샬롬은 히브리어로 단지 한 개인의 평안이 아니라 전 세계적인 행복과 번영을 뜻하는 말이다. 월터

스토프 교수는 인간이 하나님, 자기 자신, 이웃, 그리고 자연과의 관계에서 정의롭고 아름다운 조화를 이룸으로써 즐거움을 누리는 상태를 샬롬이라고 표현한다.

아모스와 동시대 인물인 호세아는 하나님의 헤세드(인애, 사랑)의 성품에 기대어 이스라엘에게 하나님께로 돌아오라고 호소했다. 용서하시는 하나님의 긍휼에 의지할 것을 촉구하면서 하나님과의 관계 회복에 초점을 둔 메시지를 선포했다. 반면에 아모스는 하나님의 백성으로서 세상에 살아가면서 사회와의 관계를 회복해야 한다는 메시지를 선포했다. 호세아와 아모스의 예언은 하나님의 두 가지 속성, 즉 사랑과 공의라는 동전의 앞면과 뒷면을 각각 강조함으로써 상호 보완적인 예언 사역을 감당했다. 예수님이 가르치신 대로 성경의 핵심인 가장 큰 두 계명, 즉 하나님 사랑과 이웃 사랑에 대한 메시지를 선포한 것이다. 하나님과의 사랑의 관계를 회복하는 것이 의(righteousness)이고, 이웃과의 사랑의 관계를 회복하는 것이 정의(justice)다.

우리는 흔히 '의'라고 하면 내가 남들보다 좀 더 거룩하고 깨끗하고 착한 사람이 되는 것으로 생각하지만, 성경은 그렇게 가르치지 않는다. 예수님은 그런 식의 자기 의로 살았던 서기관과 바리새인들을 아주 강하게 질책하셨다. 성경이 우리에게 요구하는 의는, 우리가 죄인으로서 하나님께로 돌아가는 것이다. 십자가에서 우리의 죄를 그분의 피로 씻어 주신 예수 그리스도의 의를 날마다 덧입는 것이다.

정의도 마찬가지다. 정의라는 것은 내가 옳다고 생각하는 것을 무조건적으로 모든 사람에게 강요하고 제도화하고 가차 없는 심판과 정죄를 내리는, 무자비한 정의가 아니다. 성경이 보여 주는 정의는 늘 사랑에 기초한, 자비로운 정의다. 팀 켈러(Timothy Keller)의 표현을 빌리면 'generous justice'다. 그래서 성경을 보면 하나님은 정의를 말씀하실 때마다 항상 네 부류의 사람들을 빼놓지 않으셨는데 그들은 바로 고아, 과부, 나그네, 그리고 가난한 자들이다.

~

재미있는 사실은 세상의 모든 우상 신들은 항상 강한 자와 편을 먹지만 여호와 하나님은 항상 약한 자와 편을 먹으신다는 것이다. 성경에 계시된 전능하신 하나님은 항상 사회적 약자들의 편에 서 계신 것을 알 수 있다. 구약의 하나님과 신약의 성육신하신 하나님의 아들 예수님을 보면 사회적 약자를 향한 하나님의 마음을 충분히 느낄 수 있다.

하나님이 이 땅에 공의와 정의를 원하신다는 것은 너무나 분명하다. 하나님은 우리가 하나님을 예배할뿐 아니라 삶 속에서 하나님의 공의를 드러내는 정의로운 삶을 살기를 원하신다. 하나님께 정의란 힘 있는 자들이 힘없는 자들을 위해 그 힘을 쓰는 것이다. 정의는 피자를 8등분해서 어른과 아이들에게 똑같은 분량을

나눠 주는 균등과는 다르다. 아래 그림이 정의와 균등의 차이를
잘 설명해 주고 있다.

균등   정의

성경에서 사회 정의에 대한 법은 레위기에 잘 기록되어 있다.
레위기를 보면 공평하신 하나님이 이스라엘이라는 한 사회의 정
의에 대한 구체적인 율법과 규례들을 주신다. 정의에 관한 대표
적인 규례 중 하나가 레위기 25장에 나오는 안식년과 희년의 원
리다.

안식년과 희년은 토지와 경제에 대한 하나님의 생각을 집약시켜 놓은 제도다. 이 제도의 기본 정신은 자유민주주의의 기본 이념인 자유와 평등이라고 할 수 있다. 가나안 정복 이후 하나님은 열두 지파에게 땅을 분배해 주셨으며, 각 지파는 이것을 기반으로 해서 경제적인 생활을 할 수 있었다. 이 토지를 자손 대대로 물려주었는데, 이것은 하나님이 주신 유업으로 사거나 팔 수 없었다. 토지의 소유주는 하나님이셨고, 이스라엘은 하나님의 소작인이었기 때문이다. 이스라엘 백성들은 단지 그 땅을 관리하는 청지기에 불과했다.

그러나 시간이 지나면서 빈부의 격차가 생기게 되었다. 부지런한 사람과 게으른 사람이 있었고 가뭄, 질병, 전쟁 등으로 아무런 소산을 얻지 못한 경우가 발생했기 때문이다. 이러한 경우에 사람들은 논과 밭을 팔거나 몸을 팔고 종이 될 수밖에 없었다.

또한 이스라엘 사람들은 도둑질한 경우에 들키면 훔친 물건의 4배를 갚아야 했는데, 갚을 것이 없는 경우에는 자신의 몸을 팔아야만 했다. 하나님은 후손 없이 죽은 경우에는 가까운 친척이 그것을 이어받을 수 있게 하셨고, 고아나 과부는 그의 친척이 돌볼 수 있도록 하셨다. 그러나 친척 중에서도 기업을 무를 사람이 없으면 할 수 없이 밭이나 몸을 팔아야만 했다. 하나님은 종 된 자들을 이러한 일에서 회복시켜 주시기 위해서 안식년과 희년을 허락하신 것이다.

안식년에는 사람뿐 아니라 토지도 쉬었다. 그리고 그해에 그 땅에서 맺힌 열매는 고아와 과부와 나그네들이 먹을 수 있었다. 한마디로 안식년과 희년은 가난한 사람들을 위해서 영구적인 가난에 대한 구제책으로서 하나님이 정해 주신 제도였다.

오늘날처럼 불의와 부정이 가득 찬 시대에 가난한 자들에게 "가난을 참아라. 극복하라"는 메시지는 더 이상 온전한 도움이 되지 못한다. 구조적인 노력과 실질적인 도움을 주어야 한다. 오늘날의 젊은 세대인 88만 원 세대와 삼포 세대(연애, 결혼, 출산을 포기한 세대)에게는 스스로 일어서서 자녀를 낳아 기르라는 메시지보다는 다음 세대를 위한 일자리 창출과 사회 기득권층들의 과감한 내려놓음과 기부 등의 실질적인 노력이 더 절실하지 않은가! 또한 실질적인 안식년과 희년의 원리를 적용하는 법과 제도적인 개편이 현 자본주의의 구조가 드러낸 한계에 대한 대안이 될 것이다.

요즘 한국의 청년들이 불행의 첫 번째 장애로 가난의 대물림을 손꼽는 것이 현실이다. 이것은 일종의 열등감의 또 다른 표현일 수도 있지만, 한국 사회에 정의가 회복되어야 한다는 외침이다. 이집트 바로 왕의 종살이 속에서 자유와 해방을 부르짖고 있는 노예들의 외침이다. 가난의 대물림을 초래하는 기득권층에게 무게를 실어 주는 법 제정, 비싼 이자, 불공평하게 낮은 임금 등이 계속되는 한 가난한 이들을 가난의 늪에서 구원할 수는 없는 법이다. 대기업이 중소기업을 삼키는 힘의 지배의 논리, 승자독식, 양육강식의 세상을 인간들이 선호하는 한 하나님의 정의를 이 땅에서 찾아보기 힘들 것이다.

우리는 부정과 비리가 가득한 곳에서 어떻게 살아야 하는가? 그대는 이 불편한 진실 속에서 과연 어떻게 살아갈 것인가? 먼저 그대는 이러한 세상을 묵인하거나 이러한 세상의 구조에 대해 그저 순응하며 살아서는 안 된다. 부정한 세상을 구원하고 하나님 나라로 변혁시키기를 원하시는 하나님의 거룩한 시대적 부르심에 반드시 응답해야 한다. 우리가 몸담고 살아가는 이 세상에 대해 그리스도인으로서 세상의 빛과 소금으로 부르심을 입은 이상 그 사회적 책임을 회피할 수 없다. 불평등한 사회의 구조적 문제들을 해결하고 정치, 경제, 사회, 교육, 문화, 예술 등 사회의 전 영역을 바꿔 나가기 위해 치열하게 공부하고 미친 듯이 살아야 한다. 하나님 나라와 의를 위해 독립투사같이 목숨을 걸고 피 흘리기까지 싸워야 한다. 이것은 총칼의 싸움이 아니라 믿음의 선한 싸움이요, 악과 불의에 대한 거룩한 전쟁이다.

하나님이 원하시는 정의의 실현은 기독교 신앙의 부록이 아니라, 기독교 신앙 그 자체임을 깨달아야 한다. 전에 없던 풍요를 누리고 있는 현대 세계의 불의와 빈곤의 엇갈린 명암의 모습을 목도하고 있는 그리스도인이라면 사회의 변혁을 위해 적극적으로 사회에 참여해야 한다. 행동하는 그리스도인이 되어야 한다. 이것은 더 이상 선택이 아니라 필수다.

특별히 보수적인 복음주의 노선을 자랑하는 교회들과 성도들

은 기독 신앙의 정통성(orthodox)만을 주장할 것이 아니라, 적극적으로 사회에 동참하여 정통성의 실천적인 영성으로 거듭나야 한다. 청년 예수야말로 정통성과 올바른 실천(orthopraxis)의 모범을 보여 주시지 않았는가? 청년 예수는 이스라엘 회당에서의 첫 설교에서 다음과 같이 복음의 희년을 선포하셨다.

> 주의 성령이 내게 임하셨으니 이는 가난한 자에게 복음을 전하게 하시려고 내게 기름을 부으시고 나를 보내사 포로 된 자에게 자유를, 눈먼 자에게 다시 보게 함을 전파하며 눌린 자를 자유롭게 하고 주의 은혜의 해를 전파하게 하려 하심이라 하였더라(눅 4:18-19; 사 61:1-2 참고).

그리고 청년 예수는 이 천국 복음을 실제 생활 속에서 몸소 실천하며 보여 주셨다. 어떤 이념이나 사상을 전파하신 것이 아니라 직접 몸으로 그 나라를 보여 주셨다. 가난한 자들과 병든 자들과 여자들과 아이들과 같은 사회적 약자들을 특별하게 대하셨다. 그들의 고통에 동참하며 그들의 눈물을 닦아 주셨다.

이 땅에 진정한 샬롬이 있는 하나님의 나라가 이뤄지기 위해서는 하나님의 공의와 정의가 먼저 이뤄져야 한다. 하나님의 나라는 의와 평강과 희락에 있다(롬 14:17 참고). 하나님과 의로운 관계를 맺고 사회와 정의의 관계를 맺으면 이 땅에 샬롬이 이뤄지고, 진정한 기쁨이 넘쳐 나게 된다. 하나님과의 의로운 관계와 사회와의 정의로운 관계는 오직 십자가에서 우리의 의를 이루신 예수 그리스도의 사랑으로만 가능하다. 나는 그대가 그 사랑의 복음의 능력 안에서 이 땅에 공법을 물 같이, 정의를 하수 같이 흐르게 하는 이 시대의 변혁가가 되기를 간곡히 부탁한다.

샬롬 기도문

오, 하나님, 불의가 가득한 세상에서 정의를 물같이,
공의를 마르지 않는 강같이 흐르게 하옵소서.
나를 통해 주 예수의 정의와 평화가 흘러넘치게 하옵소서.
날마다 예수의 의와 평화를 옷 입혀 주시고,
세상으로 나아가 열방에 희년을 선포하며 나아가는
하나님 나라의 거룩한 백성 되게 하옵소서.
나의 공부와 나의 직장의 일이
하나님 나라와 의를 위한 것이 되게 하옵소서.
우리 가정이 하나님 나라의 운동에 동참하는 곳,
의와 평화의 입맞춤이 있는 곳이 되게 하옵소서.
주의 공의가 온 땅에 드러나며,
압제받는 자들에게 예수의 복음이 전파되고,
참자유와 해방이 임하는 하나님 나라가 이 땅에 임하게 하옵소서.
오, 하나님, 굶주리는 자들에게는 빵을 주시고,
빵을 가진 우리에게는 정의에 대한 굶주림을 주소서.
예수님의 이름으로 기도드립니다. 아멘!

행복 큐티　　아모스 5:11-27

|||||||||||||||||||||||||||||||||||||||||||||||||||||||||||||||||||||||||||||||||||||||||||||||||||||||||

◗ 그대가 생각하는 정의(jutice)의 정의(definition)는 무엇인가?

◗ 당시의 이스라엘은 어떤 사회였는지 보라.(11-13) 사회 정의를 위
　한 삶의 실천이 없는 종교 생활에 대해 하나님은 어떻게 반응하
　시는가?(21-23절)

◗ 사회 정의의 시작은 내 것을 나눔에 있다. 사회적 약자들에게 나
　눌 수 있는 것(돈, 시간, 마음, 몸 등)이 무엇인지 생각해 보고, 실제적
　이고 구체적인 계획을 적어 보라.

|||||||||||||||||||||||||||||||||||||||||||||||||||||||||||||||||||||||||||||||||||||||||||||||||||||||||

섬김은 성공의 수단이 아니다

)

나는 오직 한 가지 외에는 아는 것이 없다.
진실로 행복한 사람은 섬기는 법을 갈구하여 발견한 사람이다.
슈바이처

아이폰이 처음 나왔을 때 애플 스토어에 갔다가 깜짝 놀란 적
이 있다. 매장 크기에 비해 목에 이름표를 걸고 하늘색 티셔츠를
입고 있는 직원들이 상당히 많았기 때문이다. 그 직원들은 고객
들에게 밝은 미소로 다가와 일대일로 무엇을 도와줄지 묻고, 그
질문들에 대해 친절하게 대답해 주었다. 거의 일대일 양육 수준
이었다. 자신들의 기업의 이미지를 높여 이윤을 창출하기 위해서
도 이렇게까지 서비스를 하는구나 싶었다. 물건 하나라도 더 팔
기 위해서 고객 만족이라는 가치 아래 철저하게 훈련한 직원들의

서비스 정신을 보고 섬김(service)에 대해 다시 생각하게 되었다. 과연 그리스도인들에게 이런 서비스 정신이 있을까? 누군가를 위해 먼저 다가가고, 그들에게 좋은 것을 주기 위해 노력하고 있는가?

한편 직원들의 섬김은 회사의 성공을 위한 수단처럼 보였다. 그렇다면 과연 성경에서도 섬김을 성공의 수단으로 여기고 있을까? 얼핏 보면 예수님은 그렇게 말씀하신 듯하다.

> 그래서 예수께서는 그들을 곁에 불러 놓고, 그들에게 말씀하셨다. '너희가 아는 대로, 이방 사람들을 다스린다고 자처하는 사람들은, 백성들을 마구 내리누르고, 고관들은 백성들에게 세도를 부린다. 그러나 너희끼리는 그렇게 해서는 안 된다. 너희 가운데서 누구든지 위대하게 되고자 하는 사람은 너희를 섬기는 사람이 되어야 하고, 너희 가운데서 누구든지 으뜸이 되고자 하는 사람은 모든 사람의 종이 되어야 한다'(막 10:42-44, 새번역).

이 말씀은 어떤 말씀일까? 종의 자리에서 열심히 섬겨서 위대한 사람이 되라는 말씀일까? 모든 사람의 종이 되는 훈련을 통해 으뜸의 자리로 올라가라는 말씀일까? 예수님은 자신의 제자들에게 성공에 이르는 비결로 섬김이라는 답을 내놓으신 것일까?

예수님이 말씀하신 위대함과 으뜸의 기준은 우리가 보통 생각하는 기준과는 다르다는 사실부터 알아야 한다. 우리가 생각하는 위대함과 으뜸의 기준, 곧 성공의 기준은 크기와 높이다. 우리가 소위 성공한 사람이라고 부르는 사람들은 남들보다 큰일을 하거나 남들보다 높은 위치에 있는 사람이다. 하지만 예수님의 위대함과 으뜸의 기준, 곧 성공의 기준은 섬김 그 자체다. 섬김 자체가 위대한 일이고, 섬김 자체가 으뜸가는 일이다. 예수님은 섬김이 성공으로 가는 지름길이니 그 길을 선택하라는 식의 처세술을 말씀하신 것이 아니다. 열심히 섬겨도 성공하지 못하는 사람들이 훨씬 많다.

예수님이 말씀하신 섬김은 애플의 서비스 정신과 다르다. 예수님이 섬김에 대한 정의를 내려 주신 배경이 흥미롭다. 예수님의 열두 제자 가운데 세베대의 아들들인 두 형제 야고보와 요한은 예수님께 자신들의 미래를 보장해 줄 것을 미리 청탁한다. 이때 야고보와 요한의 어머니도 치맛바람을 휘날리며 이 청탁에 동참한다(사실 복음서를 보면 제자들은 이번뿐만 아니라 초지일관, 심지어 예수님이 잡히시기 전날까지도 누가 12명 중에 가장 큰 사람인지에 대해 끊임없이 논쟁하는 것을 볼 수 있다).

"예수님, 당신이 영광스러운 왕의 자리에 오르시면 우리를 당신의 오른편과 왼편에 앉게 해 주십시오."

야고보와 요한은 다른 제자들보다 더 성공하고 싶었다. 높은 위치에 오르는 사람이 되고 싶었다. 그러자 예수님은 대답하셨다.

"너희가 내 좌우에 앉는 사람이 되려면 내가 마시는 잔을 마시고 내가 받는 세례를 받을 수 있어야 한다."

예수님이 말씀하신 잔과 세례의 의미는 무엇일까? 바로 예수님의 고난과 죽음이다. 예수님이 십자가를 지시기 전날 밤에, 이 잔을 내게서 옮겨 달라고 겟세마네에서 기도하신 것은 하나님의 진노의 잔, 고난의 잔을 피하게 해 달라는 기도였다. 그리고 세례는 예수님의 십자가 죽음에 동참하는 것을 의미한다. 예수님과 함께 영광을 누리기 원한다면 고난과 죽음을 상징하는 십자가의 길을 가야 한다고 말씀하신 것이다.

~

우리가 예배 중에 하는 세례와 성찬의 의미는 예수님의 십자가와 부활에 동참한다는 약속이다. 내가 주님 손에 들려 다른 사람들을 위해 뜯겨진 빵, 부어진 포도주로 살겠다는 헌신의 시간이다. 이 시간은 내가 남들보다 더 높은 자리에 올라 성공하고 말겠다는 다짐의 시간이나 그렇게 해 달라고 부탁하는 시간이 아니다.

예나 지금이나 번영 복음은 사람들에게 여전히 매력적이다. 사람들은 번영 복음의 교회로 여전히 몰린다. 이단이나 사이비로 사람들이 몰리는 이유도 사실은 비슷하다. 결국 말씀이 아니라 떡을 원하는 것이다. 어떤 그리스도인이 "예수님을 믿으면 당신의 삶에는 이제부터 아무런 고난이 없고 만사형통할 것입니다. 이것이 기쁜 소식입니다. 이것이 복음입니다"라고 말한다면, 또 이것이 정말 사실이라면 대부분의 비신자들은 아마도 예수를 영접하고 믿을 것이다. 하지만 현실은 그렇지 않다. 예수를 믿음으로 인해서 오히려 삶이 불편해지고 고난과 희생이 따를 때가 더 많다. 예수를 믿으면 믿을수록 섬김의 분량이 점점 커진다. 마침내 십자가에서 죽는 데까지 나아가는 것이 기독교 신앙이다.

헨리 나우웬의 말처럼 더 올라가는 상향 지향이 아니라, 하향 지향의 길이 그리스도인의 삶의 방향이다. 내가 말하는 상향과 하향 또한 자리를 말하는 것은 아니다. 그리스도인은 직장에서 모두 만년 대리로 살아야 한다는 의미는 결코 아니다. 삶의 방향성에 대한 이야기다. 섬김 자체가 삶의 거룩한 목표인지, 십자가의 길을 걸어가는 것을 기쁨으로 여기고 있는지에 대해 말하고 있는 것이다.

예수님은 제자들의 도토리 키 재기가 벌어지는 모습을 자주 보셨고, 마침내 자신의 삶의 목적을 분명히 밝히셨다.

> 인자는 섬김을 받으러 온 것이 아니라 섬기러 왔으며, 많은 사람을 구원하기 위하여 치를 몸값으로 자기 목숨을 내주러 왔다(막 10:45, 새번역).

예수님은 이 땅에 왕으로 오셨다. 왕은 백성들의 섬김의 대상이다. 하지만 그분은 역설적이게도 백성들의 섬김을 받는 대상이 아니라, 백성을 섬기는 왕(servant king)으로 오셨다. 마태복음은 왕이신 예수님을 소개하지만 마가복음은 종이신 예수님을 소개한다. 누가복음은 사람의 아들이신 예수님을 소개하지만 요한복음은 하나님의 아들이신 예수님을 소개한다. 왕이면서 동시에 종이신 예수님, 사람의 아들이면서 동시에 하나님의 아들이신 예수님, 이것은 그야말로 신비요 역설이다.

예수님의 제자인 그리스도인이 섬김의 사람이 될 수밖에 없는 것은 예수님처럼 왕의 신분을 부여받았기 때문이다. 섬김의 의무가 아니라 섬김의 특권을 부여받았기 때문이다. 예수님의 제자 된 우리 또한 이 신비한 역설의 삶으로 초대되는 영광을 얻었다. 우리는 분명 예수님 안에서 왕자로 부름 받았지만, 왕의 마음으로는 다른 사람들을 잘 섬길 수 없다. 종의 마음으로만 섬길 수 있다. 우리는 분명 왕의 신분을 부여받았지만 종의 마음을 가지고 살아야 한다. 예수 닮은 우리도 섬기는 왕이다. 우리도 섬김이라는 역설의 삶을 살아야 한다.

～

참된 섬김에는 시간, 노력, 물질, 에너지, 심지어 목숨도 포기하는 자기희생이라는 대가가 지불되어야 한다. 사실 크든 작든 희생이 없는 섬김은 자기만족을 위한 취미 생활 혹은 종교적인 액세서리에 불과하다.

교회에서의 섬김이든, 선교지에서의 섬김이든 결국 나 좋으라고, 나를 드러내려고 하는 자기 의의 섬김이 얼마나 많은가? 이는 사람들의 인정이나 일종의 보상을 바라고 하는 그릇된 동기의 섬

그리스도인의 삶은 상향 지향이 아니라,

하향 지향의 길이다.

김이다. 오늘날 교회에서 섬김의 자리에 있는 사람들이 예수님의 제자들처럼 자리다툼하는 장면을 심심치 않게 본다. 한 교회 안에서 장로가 되기 위해 치열한 경쟁과 다툼을 벌이고, 한 교단의 총회장이라는 자리에 오르기 위해 목사님들끼리 경쟁하고 다투는 장면은 그리스도인들은 물론 일반인들의 눈살을 찌푸리게 한다. 소위 위대한 종이 되려고 그렇게 한다니, 참 아이러니한 장면이 아닐 수 없다.

위대한 종은 다투지 않는다. 위대한 종은 어느 위치에 있든 묵묵히 섬긴다. 자신을 위한 섬김이 아니라, 섬김의 대상을 위한 섬김을 좋아한다.

많은 사람들이 어렵고 힘든 곳에서 섬기는 것을 왜 머뭇거리고 주저하는가? 섬김을 앞두고 사람들은 대부분 이렇게 생각하는 것 같다. '내가 과연 할 수 있을까? 내가 이 일을 하면 어떻게 될까? 내가 그곳에 가는 것이 하나님 뜻이라면 나는 어떻게 될까? 월급은? 그곳 기후는? 누가 나를 돌봐 줄까? 결혼은? 사람이라면 다들 나처럼 이런 생각을 할 거야.' 섬김에 따라 자신이 치러야 할 대가, 즉 손해와 희생의 크기를 재고 또 잰다.

모든 조건이 완벽하게 맞아떨어지고 자신에게 유익할 때 섬기겠다는 것이 과연 종의 자세일까? 마치 모든 조건이 완벽한 배우자를 만나겠다고 굳게 마음을 먹는 한 결혼하지 못하는 것같이 모든 조건이 맞아떨어질 때 섬기겠다고 하면 그러한 섬김의 기회는 결코 오지 않는다. 스스로를 정말 종이라고 생각한다면, 주인의 음성을 듣는 것에 초점을 두고 그 음성을 들었다면, 그 음성에 순종하는 것이 마땅하지 않은가? 종에게 자신의 권리가 있는가? 종에게 선택권이 있는가?

~

나는 우리 교회 청년들의 섬김을 볼 때마다 참 감동을 받는다. 이름 없이, 빛도 없이 희생을 친구 삼아 주의 몸 된 교회를 섬기는 지체들의 모습은 아름다움 그 자체다. 그들은 나의 칭찬이 아니라 하나님의 칭찬으로 만족하고 기뻐하는 것 같다.

우리 교회는 한 초등학교를 빌려서 주일 예배를 드리고 있다. 지난 7년간 주일마다 트럭에 실은 수많은 교회 물품을 내리고, 모든 예배가 끝나면 그것들을 다시 트럭으로 집어넣는 일들을 반복했다. 여름이면 형제들의 옷이 땀범벅이 되어 옷을 세 벌씩 챙겨서 아침 일찍 교회로 나와야 한다. 이 친구들은 주일마다 이 삿짐을 쌓다가 푸는 수준의 노동을 기쁨으로 감당하고 있다. 섬김을 위해 시간과 에너지를 기꺼이 지불하고 있다. 그들 안에는 예수님을 향한 사랑이 있고, 그 사랑이 섬김으로 이어지고 있는 것이다. 사랑하면 희생한다. 사랑하면 섬긴다.

희생이 없으면 희망도 없다. 섬김과 희생은 십자가의 도이고, 이것이 복음의 진수다. 현대인들은 희생 없는 섬김을 선호한다. 하지만 십자가의 도를 믿는 그리스도인의 섬김은 차원이 다르다.

사실 나도 천국에서 예수님의 왼팔과 오른팔이 누구일지 궁금하다. 내가 그 자리에 있으면 좋겠다는 생각도 해 본다. 천국에 가면 예수님 옆자리에 앉고 싶은 마음은, 권력을 잡고 싶다는 의미가 아니다. 사랑하는 사람과 가장 가까이에 있고 싶다는 순진한 생각 때문이다. 4차원의 세계인 하나님의 나라에 대해 여전히 3차원적인 물리적 생각에 사로잡혀 있는 나의 바보 같은 상상일 뿐이다.

하나님 나라는 이 세상의 나라와는 완전히 다른 질서이고, 새로운 패러다임이다. 물리적인 거리가 아니라 마음의 거리가 중요한 나라일 것이다. 누가 높고 누가 대단한 사람인지를 찾아내려고 애쓰는 나라가 아니라, 서로 섬기려고 애쓰는 나라일 것이다. 서로 남을 나보다 낫게 여길 것이다.

나는 천국에서 가장 인기 있는 게임은 림보 게임일 것이라고 상상해 본다. 홀로 찬양과 영광 받기에 합당하신 하나님 앞에서 몸과 마음을 낮추는 것을 가장 즐거워하는 모습으로 변화된 나 자신을 상상해 본다. 나는 여전히 하나님 나라가 기대된다. 그곳에서 우리는 경쟁 없는, 순수한 섬김의 아름다움을 매일, 아니 영원히 경험하는 행복을 누리게 될 것이기 때문이다.

세상 사람들의 섬김의 목적은 그야말로 세상적이다. 섬김을 수단으로 성공하려는 것이다. 하지만 그리스도인의 섬김의 목적은 성공이 아니라 섬김 그 자체다. 우리가 성공하고 높아지는 것은 우리의 영역이 아니다. 하나님 나라의 좌의정, 우의정은 우리의 몫이 아니다. 그것은 하나님의 영역이다. 우리의 영역은 변함없는 섬김의 삶이다.

프랑수아 드 살레(SaintFrancois de Sales)는 "큰 덕행은 설탕과 같고 작은 성실은 소금과 같다"고 말했다. 설탕은 달콤한 맛을 자랑하지만 쓰임새에 있어서는 소금보다 못하다. 큰 섬김의 기회는 가끔 오지만, 작은 섬김의 기회는 날마다 우리에게 온다. 하나님은 마음을 낮추고 겸손하게 섬기는 자에게 은혜와 축복을 베풀겠다고 약속하셨다.

이 세상에서, 그리고 하나님 나라에서 가장 위대한 사람은 성공한 사람이 아니라 섬기는 사람이라는 예수님의 말씀을 잊지 말았으면 좋겠다. 더 높아지려고 하는 세상, 더 가지려고 몸부림치는 세상에서 더 섬기려고 하고, 더 희생하려고 하는 아름다운 사람들을 많이 만나 보고 싶다. 성공한다는 것은 더 높은 자리에 올라가는 것이 아니라, 지금 있는 자리에서 섬기는 것, 그 자체다. 그리고 우리의 행복은 사실상 더 낮은 곳에 있다.

에콰도르 와다니 부족을 섬기기 위해 주님께 젊은 목숨을 희생 제물로 드리고 순교한 짐 엘리엇(Jim Eliot)의 일기장에 적힌 기도로 이 장을 마무리하고 싶다.

"주님, 성공하게 하소서. 높은 자리에 오른다는 뜻이 아니라 제 삶이 하나님을 아는 가치를 드러내는 전시품이 되게 하소서. 하나님, 마른 막대기 같은 제 삶에 불을 붙이사 주님을 위해 온전히 소멸하게 하소서. 저는 오래 사는 것을 원치 않습니다. 다만 주 예수님처럼 꽉 찬 삶을 원합니다."

행복 큐티   마가복음 10장 35-45절

◗ 야고보와 요한의 소원은 무엇이었나?(35-37절)

◗ 세상 정치와 하나님 나라의 정치는 어떻게 다른가?(42-44절)

◗ 예수님의 소원은 무엇이었나?(45절)

◗ 그대의 섬김의 동기와 목적을 살펴보라. 그리고 섬김의 기쁨을 유
지하는 방법에는 어떤 것들이 있을지 생각해 보라.

행복 영상   짐 엘리엇

시한부 인생의 행복

인생이 끝날까 봐 두려워하지 마라.
당신의 인생이 시작조차 하지 않을 수 있음을 두려워하라.
그레이스 한센

사람들은 대부분 새것을 좋아한다. 새로운 차, 새로운 친구, 새로운 여행지, 새로운 책, 새로운 영화, 새로운 드라마, 새로운 커피를 원한다. 사람들의 마음속에는 늘 새로운 것에 대한 갈망이 있는 것이다. 바꿔 말하면 모든 사람의 마음속에는 변화에 대한 갈망이 있다.

가만히 생각해 보면 세상도 끊임없이 새롭게 변화하고 있다. 10년이면 강산도 변한다는 말처럼 자연도 끊임없이 변화하고 있다. 보이는 세상뿐 아니라 보이지 않는 세상도 변화하고 있다. 사람들은 새로운 과학 기술과 새로운 정보를 통해 전혀 새로운 세상을 만들어 가고 있다.

생존은 본능이다. 죽음보다 삶을 원하는 것은 본능이다. 죽어가는 회사를 보고 기뻐하는 사람은 없듯이 죽어 가는 사람을 보며 기뻐하는 사람도 없다. 죽음은 인생 최대의 슬픔이다. 누구도 비켜 가거나 피해 갈 수 없는 슬픔이다.

그런데 우리는 다른 이들의 죽음을 보며 안타까워하지만 정작 본인도 그 길을 가게 될 것이라는 사실에 대해서는 이상하리만치 태연하다. 마치 자신은 영원히 죽지 않는 불사조인 양 살아간다. 청년에게 죽음은 실감이 가지 않는 먼 미래의 일인 경우가 많다. 그래서 중요한 일을 미루며 자주 "아, 내일 하지 뭐"라고 한다. 내일이라는 시간이 당연히 내 손안에 주어져 있는 것처럼 태연하게 살아간다. 죽음의 그림자가 늘 우리 주변의 가까운 곳을 끊임없이 맴돌고 있는데도 정작 우리는 그 죽음의 현실 앞에 진지해지는 적이 별로 없다.

가끔씩 장례식에 참석할 때면 '나도 언젠가는 죽겠지'라는 생각에 잠시 잠기곤 하지만 아주 먼 얘기인 양 금방 일상으로 돌아간다. 몇 년 전에 일어난 아이티 재난이나 세월호 참사 같은 소식으로 충격을 받다가도 이내 그런 일은 내가 살고 있는 이곳에서는 절대로 일어나지 않을 것이라고 확신이라도 하는 사람처럼 일상 속에서 다시 태연하게 살아간다.

삶과 죽음은 동전의 양면과도 같다. 둘은 사실 분리된 것이 아니다. 삶은 죽음의 씨앗이고, 죽음은 삶의 열매다. 삶이 현실이듯, 죽음 또한 현실이다. 19세기의 위대한 대문호이자 사상가였던 톨스토이는 죽음에 대해 이렇게 말했다.

"이 세상에 죽음만큼 확실한 것은 없다. 그런데 사람들은 겨우 살이 준비는 하면서도 죽음은 준비하지 않는다."

우리는 이 땅에서의 삶이 단 한 번뿐이라는 것을 잊어버리고 하루살이처럼 사는 데 급급할 때가 많다. 그러나 정말 삶에 대해 진지한 사람이라면 죽음에 대해서도 진지할 것이다. 죽음을 생각하지 않는 인생이 하루하루의 가치를 진정으로 깨닫고 살아가기란 쉽지 않다. 아직 살날이 많이 남았다고 생각하는 사람과 이제곧 자신의 삶이 끝날 것이라고 생각하며 살아가는 사람은 분명 삶을 대하는 자세에서 차이가 크다.

진정으로 지혜로운 인생은 자신에게 주어진 인생이라는 시간표의 한계를 늘 기억하고 살아가는 인생이다. 사실 우리 모두는 시한부 인생이다. 시한부 선고를 받은 환자는 결코 자신의 삶을 헛되이 낭비하지 않는다.

~

죽는 것을 기억하고 살아가는 것은 우리의 삶에 회의를 불러일으킬 수도 있다. 죽음으로 모든 것이 완전히 끝난다는 것만을 기억하는 사람은 인생을 알차고 보람 있게 살아가는 데 어려움을 느끼며, 삶에 대한 회의와 허무함을 느낄 것이 분명하다. 특히 인생이 자신의 마음대로 되지 않을 때, 뜻하지 않은 어려움과 역경의 바람을 맞을 때 깊은 절망의 늪에 빠지거나 우울한 감정의 소용돌이 속에 빠져 버리고 만다.

죽음이 인생의 완전한 종결이라면 우리 인생은 정말 허무한 것이 되고 만다. 죽으면 모든 것이 끝인데 그렇게까지 진지하게, 골치 아프게 살 필요가 있을까? 죽으면 모든 것이 끝이라고 생각하는 사람에게는 자살도 하나의 선택이 될 수 있을 것이다. 그래서 사람들이 가슴 아프게도 스스로 목숨을 끊어 버리는 것이다.

또한 사람들이 죽음이 완전한 끝이라고 생각한다면, 과연 이 땅에서 손해 보고 착하게 사는 것이 지혜로운 것이라고 생각할까? 만일 죽음 이후에 또 다른 새로운 삶이 없다면, 이 땅에서 끝장을 보는 것이 더 현명한 선택일 것이다. 어떻게 해서든 내가 즐길 수 있는 것은 악착같이 즐기고, 남들이야 어찌됐든 내가 하고 싶은 것을 빨리빨리 해 나가야 할 것이다.

죽음의 문제와 사후 세계에 대해 제대로 해결하지 못한 인생은 언제 어떻게 될지도 모른다는 죽음의 공포 가운데 불안한 삶을 살게 될 것이다. 생명이 오직 이 땅에서만 국한된 것으로 여기는 사람들에게는 어쩔 수 없이 죽음에 대한 두려움이 밀려오게 된다. 그 두려움은 불안을 초래하고, 그 불안으로 허둥지둥하며 시간을 소비하게 된다. 그러다 보면 어느새 자신도 모르는 사이에 죽음이 턱밑까지 다가와 있음을 알고 절망에 빠진다.

반대로 죽음 너머에 또 다른 삶과 세계가 기다리고 있다는 믿음과 희망을 갖고 있는 사람들도 있다. 지금 눈에 보이는 세계는 보이지 않는 더 큰 세계와 맞닿아 있다는 사실을 일찍 깨달은 사람은 분명 다르게 살아간다. 이런 사람들에게 죽음은 새로운 도약의 출발이다. 부활이라는 관점에서 인생 최고의 선물이 된다. 헨리 나우웬도 죽음을 최고의 선물이라고 불렀다. 생명은 이 땅에서만이 아니라 죽음 이후에도 새로운 형태로 지속되는 것이다. 놀라운 도약이 있음을 알고 살아가는 사람에게 삶은 희망이며, 활력이며, 기쁨이다. 그렇게 인생을 살아가는 사람들에게 삶은 과제가 아니라 축제다. 삶은 무언가 끝도 없는 문제들을 해결해야만 하는 과중한 짐이나 과제의 연속이 아니라, 주어진 상황 속에서 자유를 만끽하며 향유할 수 있는 축제다.

바울이야말로 복음이 주는 자유 안에서 향유하고 누리는 삶, 진정으로 행복한 삶의 비밀을 깨달은 사람이었다. 그는 원래 바리새인이었고, 법과 원칙을 철저히 지킴으로써 도덕적으로 훌륭한 삶을 살았다. 자신이 그 누구보다도 괜찮은 사람이라고 여기며 수십 년을 살아온 사람이었다. 그리고 그는 예수 믿는 사람들을 핍박하고 괴롭히는 데 앞장선 인물이었다. 그러던 어느 날 그리스도인들을 죽이려고 다메섹으로 가는 길에 부활하신 예수님을 만나게 되었다. 그리고 그의 삶은 180도로 변하게 되었다. 그는 완전히 새로운 사람이 되었고, 그의 삶의 방향 또한 완전히 새롭게 변했다. 그는 복음의 은혜가 주는 자유를 날마다 경험하며,

삶의 의미와 목적을 새롭게 발견했다.

~

사람들이 더 나은 자신과 더 나은 세상을 끊임없이 목말라하고 추구하는 것은, 그 환상적인 나라가 실제로 존재하고 있기 때문이다. 이 땅과 사람과 우주 만물을 지으신 창조주 하나님이 예수 그리스도 안에서 그대를 지금과는 비교도 안 될 정도로 멋지게 바꿔 주실 것이다. 그리고 그대뿐 아니라 수많은 사람들이 예수 그리스도 안에서 완전한 행복을 누릴 수 있는 영원토록 행복한 나라가 완성될 것이다.

만일 아직도 "도대체 삶이란 무엇인가?"라는 질문으로 고민하고 있다면, 죽음에 대한 확실한 답부터 먼저 찾아야 한다. 죽음은 모든 인간에게 두려움의 대상이다. 죽음은 권세다. 그 앞에 모두가 벌벌 떤다. 그러나 하나님이 우리에게 죽음을 주신 원래 이유는 두려워하게 하려는 것이 아니요, 생명이 얼마나 소중한 것인가를 알려 주시기 위함이다. 그리고 하나님은 그 죽음이 끝이 아니라고 말씀하신다. 죽음은 진정한 삶의 시작이다.

육신의 죽음은 그리 반가운 소식이 아니지만, 반드시 맞아들여야만 하는 손님이다. 우리가 유한한 존재라는 사실을 기억하는 것은, 오히려 생동감 있고 생명력 넘치는 삶을 살 수 있는 동기 부여가 된다. 끝을 아는 인생은, 그 끝을 바라보며 확실한 목표를 설정하고 달려갈 수 있는 법이다. 끝을 바라보지 않고 달리는 인생은 죽음의 문 앞에서 당혹감을 감추지 못할 것이다. 더군다나 죽고 난 후 그것으로 모든 것이 끝이라면 얘기가 달라지겠지만, 모든 인생은 죽고 난 후에 또 다른 세계를 접하게 된다.

최근 미국에서 실시한 여론 조사에서 사후의 삶을 믿는다고 대답한 사람이 무려 81%나 되었다. 죽고 난 바로 다음 순간에 화려한 파티에 참여하게 되든지, 아니면 장례식보다 더 슬프고 끔찍하고 어두운 곳에 참여하게 된다. 천국과 지옥은 소설에나 나오는 장소가 아니라 실재하는 장소다. 천국과 지옥의 공통점은 더 이상 죽음이 없는 곳이라는 점이다. 둘 다 '신세계'(brand new)를 경험하는 곳이다. 두 곳 다 전혀 새로운 세계다. 하지만 한쪽은 새로운 좋은 것을, 다른 한쪽은 새로운 고통을 경험해야 한다. 한쪽은 자유와 기쁨과 사랑과 행복의 총집합이 이뤄진 곳이고, 또 다른 쪽은 불평과 자기 고집과 시기와 질투와 아비규환으로 서로 강탈하는 것이 끊이지 않는 무법 도시다.

~

어디에서 영원을 보낼지는 오롯이 당신의 선택에 달려 있다. 하나님은 예수 그리스도라는 자신의 하나뿐인 아들을 이 땅에 보내시고, 십자가에서 모든 인류의 죄를 대신해 죽게 하시기까지 사람들을 사랑하셨다. 그리고 그분은 이 땅의 모든 사람들을 자신의 생명으로 초대하신다.

> 하나님이 세상을 이처럼 사랑하사 독생자를 주셨으니 이는 그를
> 믿는 자마다 멸망하지 않고 영생을 얻게 하려 하심이라(요 3:16).

> 내가 온 것은 양으로 생명을 얻게 하고 더 풍성히 얻게 하려는 것이
> 다(요 10:10).

예수님이 말씀하신 생명은 'bios'의 육체적인 생명이 아니라 'zoe'의 영적인 생명을 말한다. 예수님이 이 땅에 오신 목적은 분명했다. 인간은 스스로 자신은 물론 세상을 구원할 수 없기 때문이다. 스스로 영원한 생명을 창조해 낼 수도, 지속해 낼 수도 없기 때문이다. 오직 예수님만이 하나님의 신적인 생명, 즉 영생을 인간에게 줄 수 있는 유일한 분이시다. 이 영생은 죽어서 시작되는 것이 아니라, 예수님을 영접하는 즉시 시작되는 풍성하고 실제적인 영적 생명이다. 우리가 죽으면 부활하여 완전히 새로워진 몸으로 갈아입고, 새 하늘과 새 땅에서 그야말로 영원한 행복을 누릴 것이다.

후회 없는 인생을 산 사람들은 한결같이 후회 없는 선택을 내리며 산 사람들이다. 선택은 언제나 그렇듯이 당신의 자유이며, 그 선택에 따라 당신의 삶의 방향이 완전히 달라진다. 영원한 생명의 길을 선택할 것인가, 아니면 죽음의 길을 선택할

어디에서 영원을 보낼지는
오롯이 당신의 선택에 달려 있다.

것인가는 당신 마음에 달려 있다. '언젠가 신드롬'만큼 무서운 것도 없다. '언젠가 그 순간이 오겠지'라고 막연히 생각하는 그 순간은 절대로 오지 않는다. 그 순간이 오는 길을 지금 선택해야 한다. 영화 〈127시간〉의 실제 주인공 아론 랠스톤이 죽음의 현장에서 했던 말을 들어 보라.

"나는 그곳에서 가만히 누워 죽는 것을 기다리기보다 어떻게든 살아남는 것을 선택했다. 그리고 그 선택에 따라 행동했을 뿐이다."

우리는 죽는 길이 아니라 사는 길을 선택해야 한다. 육신의 생명도 귀하지만 영원한 생명은 두말할 필요가 없다. 지금 그 풍성한 생명을 선택하는 사람이 행복을 누리게 될 것이다.

한시도 잊지 마라. 그대와 나는 시한부 인생을 살아가고 있다. 우리는 결국 언젠가 죽는다. 슬픈 소식처럼 들리는가? 그렇지 않다. 우리의 인생은 한 번뿐이다. 하지만 행복한 인생이라면 한 번으로도 충분하다. 이 땅에서 영원한 생명의 기쁨과 평안을 누리는 행복의 맛을 젊을 때부터 충만하게 누리기를 바란다. 그리고 그대 앞에 어떤 어려운 고난이 닥친다 해도 이것만은 잊지 마라. 그대의 행복은 그대 안에 있지 않다. 그대의 행복은 언제나 그분 안에 있다. 죽기까지 그대를 사랑하신 오직 예수님 안에!

행복 큐티   요한복음 11장 4-44절

◑ 나사로의 부활은 요한복음에 나오는 마지막 7번째 표적(sign)이다. 이 마지막 표적의 의미는 무엇이라고 생각하는가?(4, 27, 42절)

◑ 예수님은 죽은 나사로의 집에 나흘 늦게 찾아오셔서 나사로를 다시 살리셨다. 예수님이 방문을 지체하신 이유는 무엇이라고 생각하는가?

◑ "너무 늦었다고 말하지 마라. 하나님의 시간표에는 '늦음'이란 결코 없기 때문이다"라는 말에 대해 어떻게 생각하는가? 이렇게 말할 수 있는 이유는 무엇이라고 생각하는가?

◑ 요한복음 11장 25-26절에서 예수님이 말씀하셨다. "나는 부활이요 생명이니 나를 믿는 자는 죽어도 살겠고 무릇 살아서 나를 믿는 자는 영원히 죽지 아니하리니 이것을 네가 믿느냐." 이 질문에 대해 그대는 어떻게 대답할 것인가? 이 대답이 그대의 삶과 죽음에 어떤 영향을 주는가?

에필로그

나는 "행복"에 대해 생각할 때마다 2008년에 가족들과 함께 본 〈Wall-E〉라는 영화가 떠오른다. 미래에 지구는 쓰레기 문제와 환경 문제로 폐허가 될 것이라는 경고의 메시지를 전한 이 영화 속에서 주인공 Wall-E가 한 대사를 아직도 잊을 수 없다.

"I don't want to survive, I want to live"(나는 생존을 원하지 않는다. 다만 삶을 원한다).

Wall-E는 생존을 걱정해야 하는 세상 속에서 삶을 갈망했다. 그의 모습 속에서 현대인들의, 아니 나의 모습을 발견하고 놀랐다. 나는 과연 생존을 위해 살고 있는가, 아니면 생명[삶(life)]을 위해 살고 있는가? 반복되는 일상이라는 쳇바퀴 속에 내맡겨진 채 어느덧 꿈과 목적과 의미를 잃어버린 인생은 자신도 모르게 생존을 위해 살게 된다. 물론 이것은 자신이 진정으로 원하던 삶은 아닐 것이다. 공지영의 산문집《네가 어떤 삶을 살든 나는 너를 응원할 것이다》에서 말하는 것처럼, '사는' 삶과 그저 몸이 '살아지도록' 지키고 있는 삶은 다르다. 그대는 그대의 삶의 모드를 선택해야 한다. 생명 모드(living mode)로 살 것인지 아니면 생존 모드(survival mode)로 살 것인지를 선택하라.

너무도 당연한 선택 앞에서 우리는 사실 많이 주저한다. 생존의 떡을 취하기 위해 생명의 떡(예수)을 놓치기도 한다. 떡으로 배부르면 그것이 행복인 줄 착각한다. 영적인 깊은 배고픔을 모른채 말이다.

내가 목회하고 있는 뉴욕 맨해튼이 그런 곳이다. 어떻게 보면 정글의 법칙, 치열한 생존의 법칙이 통하는 곳이라고 할 수 있다. 세상의 중심이라고 할 수 있는 뉴욕 맨해튼에는 소위 '성공'을 위해 달려온 전 세계의 수많은 청년들이 경쟁하며 살아가고 있다. 그들은 더 큰 성공이 자신에게 더 큰 행복을 가져다줄 수 있을 것이라는 일종의 믿음을 가지고 살아간다. 때로는 그 경쟁에서 밀려나 길거리에 나와 있는 노숙자들을 만날 수 있다. 그들에게 복음을 전하고 빵과 물을 나누는 사역을 청년들을 중심으로 3년 동안 해 오면서 사회에서 소외된 이들의 영혼의 깊은 상처를 본다.

나는 맨해튼의 부유한 사람들과 가난한 사람들에게서 모두 영혼의 깊은 공허함을 느낀다. 거리를 다닐 때나 가게에 물건을 사러 갔을 때나 지하철을 탈 때나 밝은 표정의 사람들을 만나기란 그리 쉽지 않다. 영혼 없는 얼굴들, 생기 없는 얼굴들을 보게 된다. 맨해튼에는 개신교인이 약 3%밖에 되지 않는다. 세계의 여러 인종이 모여 있어서 그런 듯하다. 그래서 우리 교회는 뉴욕의 한인 청년들만 삶의 허무함으로부터 구원하는 것이 아니라 97%의 죽어 가는 영혼들을 구원하는 "global church"의 비전을 품고 사역하고 있다.

나는 교회의 생존을 걱정해야 한다고 말하는 이 시대에 교회가 행복한 교회가 되려면 생존 모드가 아니라 생명 모드로 전환해야 한다고 확신한다. 교회가 살아남는 비결을 터득하기 위해 몸부림칠 것이 아니라, 생명으로 채움 받고 그 생명을 나누는 일에 생명을 걸어야 한다. 예수 그리스도가 자신의 생명을 거저 주시고 세운 교회가 세상을 향해 생명을 거저 주는 것은 너무나 당연한 일 아닌가! 이 세상이 예수의 생명을 받으면 행복해진다는 것이 복음 아닌가! 주님 오실 때까지 이 세상이 가장 듣고 싶어 하는 메시지는 복음일 것이다!

마지막으로 꼭 부탁하고 싶은 말을 남기면서 그대와 작별하려고 한다.

하나님이 그대를 영원토록 사랑하신다! 하나님은 그대의 소유가 아니라 그대의 존재로 인해 행복해 하신다. 그대를 향한 기쁨을 이기지 못하신다. 자, 이제 그대의 차례다. 나는 그대 또한 주님 한 분만으로 행복할 수 있는 삶의 최고의 행복을 누리기를 간절히 기도한다. 저 천국에 이를 때까지 그대의 평생에 오직 주님만이 영원한 사랑의 대상이 되시기를 온 마음 다해 축복한다.

All-in 2 Jesus, Long-run 2 Heaven!
Soli Deo Gloria!

Special Thanks

내가 지금의 맨해튼 목회를 시작할 수 있도록 이끌어 주신 온누리교회 이재훈 목사님께 진심으로 감사드린다. 그리고 2010년에 뉴저지초대교회 청년부를 섬기던 저와 청년부 리더들을 믿고 공동체를 뉴프론티어교회로 분립하여 지역 교회로 세워 주신 뉴저지초대교회 한규삼 목사님과 장로님들께 가슴 깊이 감사드린다. 그동안 목회를 위해 힘써 도와주신 뉴프론티어교회 사역위원회 이정행, 송혁순, 박영원 집사님들을 비롯한 리더들, 그리고 성도님들께 참 감사한 마음이다. 하나님 나라를 위해 젊음을 불태우고 있는 이들이 내 목회의 기쁨이요 면류관이다.
청년들을 위해 책을 쓰라고 적극 권유하고 내게 용기와 영감을 불어 넣어 주면서 설교 원고를 초기에 정리해 준 홍민아 자매에게 감사하다. 한 권의 책을 쓴다는 것이 이렇게 힘든 일인 줄 알았더라면 책을 낼 엄두도 못 냈을 것이다. 세상 모든 일이 역시나 멋모르고 시작하는 게 중요하고 끝까지 포기하지 말아야 한다는 사실을 새삼 깨닫게 되었다. 또 처음부터 이 책의 일러스트레이션을 선뜻 도와주기로 하고 한국에서부터 작업을 도와준 정재경 자매에게 감사하다.
이 책의 출판을 위해 도와주신 분들의 배려와 사랑이 아니었다면 이 책은 세상 밖으로 나오지 못했을 것이다. 먼저 물심양면으로 젊은 목사를 늘 격려해 주시는 장승구 장로님께서 이번 출판도 책임져 주신 것에 대해 진심으로 감사드린다. 이 책의 출판을 위해 적극적으로 도와주신 이재훈 목사님과 남희경 부장님을 비롯한 두란노 관계자분들과 특별히 내 글을 끝까지 매끄럽게 다듬어 주고 편집해 준 박주선 자매와 탁월한 디자인을 해 준 이훈혜 자매에게 감사드린다.

마지막으로 이 책의 시작부터 끝까지 함께해 주신 하나님께 감사와 영광을 올려드린다.

내가 목회자의 길을 걷도록 목회의 귀한 모범을 삶으로 보여 주신 아버지 류병오 목사님, 무조건적인 사랑과 희생의 가치를 몸으로 보여 주시고 작년에 주님 품에 안기신 어머니 고(故) 박복순 사모님 그리고 믿음의 동역자요, 현숙한 엄마요, 사랑스럽고 예쁜 아내인 신아영 사모와 모든 고민을 사라지게 해주는 행복 비타민 사랑, 소망, 신에게 이 책을 바친다.